„Willst Du die Wahrheit, und nichts als die Wahrheit wissen ?"

Dann löse Dich von anerzogenem Balast, versuche Dich vorurteilslos, mit einem grundlegend neuen Gedanken auseinander zu setzen,

nach dem Grundsatz:

„Prüfe alles und behalte das Gute !"

Buch - Beschreibung :

Die wahre Botschaft der Bibel hat leider an Wahrheitsgehalt und Vollständigkeit verloren, weil einerseits Schriftgelehrte und Pharisäer die Urschriften gefälscht haben.

Das gleiche Schicksal erlebte die Bibel im
Alten und Neuen Testament,
vor allem in den ersten Jahrhunderten des Christentums.

Interpretationsprobleme beim Übersetzen der Urtexte in andere Sprachen haben ebenfalls zu Sinnveränderung und Verlust von wertvollen Bibelbotschaften geführt.

Dies betrifft vor allem folgende Fragen :

♦ **Weshalb hat Gott neben der unendlich grossen Jenseitswelt eine irdische Welt geschaffen ?**

♦ **Wie können wir Näheres erfahren über das „Woher und Wohin" des Menschen ?**

♦ **Was sind die tieferen Wahrheiten über Grund und Ziel der Lehrtätigkeit Christi und die Erlösung durch Christus ?**

Damit ist die Bibel zu einer sekundären Botschaftsquelle abgefallen.

Und so begann der Christ unglaubwürdige Bibelstellen, Auslegungen und offene Fragen zu überdenken; neue christliche Gemeinschaften (auch viele Sekten) entstanden.

Die Urchristen kannten das Versprechen von Christus :

> *„Ich werde Euch (nach meinem Weggang)*
> *den Geist der Wahrheit senden",*

als die göttliche Wahrheitsquelle, für viele Fragen, und Antworten die uns die heutige Bibel nicht geben kann.

Diese heute noch gültige, geistige, primäre Quelle, ist wie seit dem Pfingstgeschehen der ersten Urchristen, über eine mediale Empfangsfähigkeit von christlich vorbildlich, gottesfürchtig lebenden Menschen gegeben.

Damit und mit einem seriösen Hinterfragen der sichtbaren Schöpfung und seiner Zusammenhänge kann der Mensch, zusammen mit der heutigen Bibel, wieder grosses Wahrheitswissen erlangen.

Das Buch geht für jeden, zu diesen Themen ernsthaft Interessierten, auf zu unserem Leben wichtigste Daseinsfragen und Anworten ein.

Herstellung und Verlag: Books on Demand GmbH, Norderstedt
ISBN 978-3-8334-8318-9

Zum Autor

Alfred Heim, geboren 1927 im sogenannten Scherbenviertel von Zürich, wurde in seinem 11.Altersjahr als Zögling in ein Waisenhaus gebracht.

In den Jugendjahren interessierte sich Alfred Heim sehr für Bibelgeschichten und Fragen der göttlichen Schöpfung. Mit 13 Jahren erfuhr er medial-voraussehend über zu erwartende Geschehnisse und deren wirkliches Eintreten. Diese Erfahrungen prägten seine Erkenntnisse und sein Wissen über unsere Gotteskindschaft, sowie Fragen des Lebenssinnes und dem Woher und Wohin des Menschen.

Nach Schulabschluss nahm er seinen weiteren Lebensweg selbstständig in die Hand an.

Vorerst wohnte er in einer kleinen Dachmansarde in der Altstadt Zürichs. Ab dem 2.Lehrjahr als Maschinen-und Apparatezeichner konnte er ins städtische Lehrlingsheim Zürich ziehen.

In dieser Zeit interessierten ihn die Heilsbotschaften verschiedener religiöser Kreise.

Nach Abschluss seiner Lehrzeit suchte er eine Möglichkeit eine Matura-Tagesschule zu besuchen. Ohne familiäre Logie-Unterstützung konnte er dies finanziell nicht realisieren. Heirat und Start eines 4½-jährigen Ingenieurstudiums an einer Abendschule waren ein gleichzeitiger Entscheid.

Mit 27 Jahren schloss er sein Diplom ab. Anschliessend studierte er weiter höhere Mathematik und unterrichtete neben seinem Elektro - Ingenieur - Beruf Mathematik am Abendtechnikum.

Neben seiner beruflichen Tätigkeit befasste er sich eingehend mit religiösen Fragen und ihm zugänglichen medialen Botschaften zum Woher und Wohin, sowie den grundsätzlichen, göttlich verschieden vorgegebenen Lebensaufgaben des Menschen.

Heute, in seinem Pensionsalter, nachdem seine fünf Kinder selbständig, dem Elternhaus entwachsen sind, will Alfred Heim sein Wissen über unsere geistige Herkunft und menschliche Aufgabe weitergeben

Mit besinnlichem, vorurteilslosem Lesen und Überdenken der angesprochenen Themen kann der Leser viele Antworten erhalten auf bisher stets offen gebliebene Fragen.

Vorwort

Seit Gedenken beschäftigt sich die Menschheit mit der Suche nach
der Ursache der Entstehung unserer Erde, der Welt und.
Der Menschheit. Damit verbunden besteht die Frage nach den
Gründen allen Geschehens auf unserem Planet.
Dies hauptsächlich auf Grund der Tatsache, dass die Erde seit ältesten
Zeiten neben erfreulichen Geschehnissen von Naturkatastrophen,
Kriegen, Hungersnöten, Krankheiten, Umweltzerstörungen und
menschlichen Verbrechen heimgesucht wird. Zwei Fragen davon sind
es die uns dazu stets beschäftigen.

1. „Wer (und Warum) ist der Mensch ?"   und
2. „Was (und Warum) ist die Welt ?"

Der Mensch, der an tieferem Wissen über Grund, Sinn und Ziel
seines irdischen Lebens interessiert ist, kommt nicht um die erste
Fragen herum. Im ersten Teil des Buches wollen wir speziell auf
diese erste Frage eingehen..
Der zweite Teil des Buches geht auf die Probleme unseres irdischen
Daseins auf dieser Welt ein, mit folgenden grundsätzlichen Fragen:

- Sinn der weltgeschichtlichen Geschehnisse
- Grundübel unserer Menschheit und deren Ursachen
- Sind weltliche Katastrophen Eingriffe Gottes in den
  Lebenswandel der Menschen, verbunden mit der Frage:
  „Warum lässt Gott dies alles zu ?"
- Der Besitzanspruch des Widersachers von Gott
  über die irdische Welt.

Zu den Bibelstellen-Angaben finden Sie
ab Seite 209 ein umfassendes Verzeichnis.

1.Teil : Wer (und Warum) ist der Mensch ?

Themen - Übersicht siehe Seite 95

Die Antwortsuche zur Daseinsfrage

Trotz allen Erfolgen in den Naturwissenschaften, wie z.B. Medizin, Physik, oder Astronomie ist dies für die meisten Menschen seit jeher eine sie stets beschäftigende Frage.

Ist die Menschheit nur eine Zufallsschöpfung der Natur, eines sich ungesetzlich, durch keine höhere Allmacht bestimmtes, sich launisch und nach Zufallstendenzen entwickelnden Weltalls?

Religiös-theologische Erklärungen der abendländischen Kirchen, vor allem dem Christentum bringen auf Grund unglaubwürdiger Aussagen viele vernunftswidersprechende, nicht ursachenbegründete Antworten zu dieser Frage.

Vielfach erhält man auch keine Antworten oder wird verwiesen auf « Göttliche Geheimnisse ».

Damit verdrängen so viele Menschen diese Frage. Wenn hinter allen Welten und ihren Gesetzmässigkeiten eine höhere, allmächtige Weisheit steht, dann muss doch zu jeglichem Geschehen und jeglicher Existenz eine venunftmässig zu verstehende Ursache bestehen. Dem Menschen sind aber die Fähigkeiten des logischen Denkens, die Kombinationsfähigkeit, das schöpferisch tätig sein, sowie eine seelisch initialisierte Intuitions- und Wahrnehmungsfähigkeit, als Spiritualität bezeichnet, gegeben.

Heute äussert sich das schöpferische des Menschen vorwiegend im äusserlich-technischen Fortschritt. Der Fortschritt im Bereich menschlich sozialer Fähigkeiten ist dem gegenüber zurückgeblieben.

Der Mensch sucht zunächst auf dem Freizeit- und Unterhaltungsmarkt oder andern Entspannungsmethoden und Angeboten für sich selbst Erholung und Abwechslung. Das kann eine Zeit lang den Zustand erträglich machen, ist jedoch keine nachhaltige Hilfe, wenn es nicht gelingt sich selbst neu zu beleben.

Die Frage ist letztlich:
Wie soll sich die Entwicklung auf Erden fortsetzen?
An was muss sich der Mensch orientieren; welchen höheren Werten kann und sollte er sich stellen. Stress, Oberflächlichkeit, Konsumationsverhalten und nur reine Kritiklust haben eines gemeinsam: Sie führen den Menschen dazu, dem Leben nicht mehr positiv fragend zu begegnen. Letztlich sind es aber immer Fragen, die uns aufschliessen und wach machen.

Teils denken die Menschen nicht daran, dass sie in der Lage wären, durch beharrliches Hinterfragen und vorurteilloses tieferes Denken zu befriedigenden Antworten kommen zu können.

Teils interessiert sie nur das Streben nach persönlich äusseren, weltlichen Erfolgen, nach momentan grösst-möglichem materiellen Wohlergehen und aller Art von weltlichem Lusterleben.
Es zählt für sie das **Jetzt** und eventuell noch mögliche Verbesserungen ihrer menschlich-weltlichen Situationen. Wenn es ihnen dabei selbst sogenannt gut geht, neigen sie gerne zu übertriebenem Selbstbewusstsein oder gar Überheblichkeit.

Darum tut es not, sich mit dieser Frage ernsthaft, doch bescheiden, vor allem unvoreingenommen auseinander zu setzen.
Dazu benötigen wir ein **Wahrheitsbemühen.**

Betrachten wir hierzu zuerst einmal Grösse und Umfangsbereich der menschlichen Aktivmöglichkeiten innerhalb unseres Lebensraumes im ganzen Universum.

**Zum Beispiel des Menschen
tatsächliche biologische Sinnesfähigkeiten,**

und die daraus

**resultierenden Freiheitsgrade
bezüglich seiner möglichen Aktivbereiche.**

Alle Lebewesen auf dieser Erde, und damit auch der Mensch sind in ihrem artgerechten, biologischen Aufbau so beschaffen, dass sie ihre Umwelt mittels ihrer Sinne individuell gerade nur so weit zu erfassen imstande sind, wie es für ihre vorbestimmte Lebensbestreitung notwendig und gut ist.

So beispielsweise:
Die Fähigkeit unseres Sehsinnes.

Licht, ein physikalisch erfasster Teilbereich elektromagnetischer Schwingungen umfasst einen **Schwingungsbereich von zirka 3×10^{11} Herz, innerhalb dem Wellenlängenbereich von $10^3 \times 10^3$ nm (Nanometer).** Das menschliche Auge kann davon nur einen Wellenlängenbereich von zirka **400 nm** wahrnehmen, also nur **1/2500-stel**, das ist ein extrem winziger Teil, des physikalisch total bekannten Lichtbereiches.

Im Weiteren:
Die Fähigkeit des menschlichen Hörsinnes.

Schall, ein physikalisch erfasster Tonbereich umfasst einen **Schallwellenbereich von 5 x 10^8 Herz.**

Das menschliche Schallwahrnehmungsvermögen liegt lediglich zwischen **16 bis 20'000 Herz (Schwingungen pro Sekunde**, Tonbereich über zirka 9 Oktaven), das ist nur **1/25'000-stel** des physikalisch bekannten Tonbereiches.

In gleicher Weise sind die übrigen in der biologischen Natur bekannten Sinne, wie Geruchs-, Geschmacks-, Tast-, Temperatur-gefühl-, Schmerz- und Gleichgewichts-Sinn beim Menschen gegen-über denjenigen von Tieren verschiedenster Arten sehr beschränkt. Viele andere Sinnes-Reizbereiche, mit denen sich die Tierwelt unterschiedlich orientiert, kann der Mensch nicht wahrnehmen. Denken wir da nur als Beispiel an den Orientierungssinn der Fledermäuse, die Wegfindung z.B. der zum Laichen oder Eierablegen über tausende Kilometer wandernden Fische oder der Schildkröten, an die über Kontinente führende Wegfindung der Zugvögel, u.s.w..

Auch kann der menschliche Organismus zum Beispiel Radiowellen, Ultrarot, Ultraviolett, Röntgenstrahlen, Gammastrahlen und kosmische Strahlen nicht direkt wahrnehmen.

Die dem Menschen mittels seinen Sinnesorganen in seiner irdischen Umwelt gegebenen Wahrnehmungsmöglichkeiten sind also verhältnismässig sehr beschränkt.

Mit Hilfe wissenschaftlicher Forschungen, physikalischen Hilfsmitteln und seinem Denkvermögen kann er wohl eine erweiterte physikalische Welt und zugehörige Gesetzmässigkeiten erkennen.

Der heute tätige Forscher stellt aber oft selbst fest, dass je mehr er findet und weiss, zur Einsicht gelangt, dass er verhältnismässig

„wenig bis gar nichts weiss!"

Rein aus mannigfaltigen Erfahrungen kennt der Mensch das Phänomen der Gedanken-Übertragung, eine Austrahlung von Gedankeninhalten eines Menschen über weite Distanzen zu einem Anderen, auf diese Gedanken-Wellenlänge ansprechenden Menschen, die Telepathie. Physikalisch sind für uns Menschen solche Phänomene noch nicht erfassbar. Diese Beispiele zeigen uns aber, dass es **„Zwischen Himmel und Erde"** noch so vieles gibt, das für unsere menschlichen Sinne nicht überschaubar ist.

In Bezug auf all die unendlich vielen und komplexen Gesetzmässigkeiten unseres ganzen Weltalls und deren Ursachen ist der Mensch biologisch doch ein ganz
kleines, oft überhebliches, aber noch wenig wissendes Wesen.

Seine so oft proklamierte Haltung lautet:
« Was ich in solchen Fragen nicht selbst gesehen habe, glaube ich nicht und existiert nicht! »

Neben den Einschränkungen von Hör-, Seh-, oder anderer Sinne hat er geistig ein Verständnis für weltlichen Raum und weltliche Zeit.

Sein **Raumverständnis** ist entsprechend seinen räumlichen Bewegungsmöglichkeiten eingeengt auf drei Dimensionen. Eine vierte oder gar weitere räumliche Dimensionen sind für ihn schwer verständlich und von ihm nur durch abstrakt-mathematische Definitionen bezeugt.

Daher ist er auch nicht in der Lage sich über den Begriff der **räumlichen Unendlichkeit** eine bildliche Vorstellung zu verschaffen.

Wenn wir uns nach dem Ende des Weltalls fragen, dann stellt sich uns gleich auch die Frage:
« was ist hinter diesem Ende und woher kommt der Raum? »

Ebenso abstrakt ist für uns der Begriff der **« Ewigkeit »**:
Wo und **wie** hat denn eigentlich die **Zeit angefangen** und durch was, **wann** und **auf welche Weise** könnte sie wieder aufhören?

Bedenken wir doch auch folgende Tatsache:
Gemäss wissenschaftlichen Erkenntnissen besteht das **Weltall seit 18 Milliarden Jahren,** und der erste Mensch (der Homo Sapiens) **lebte vor 250'000 bis 230'000 Jahren.**

Diese Erkenntnisse bestätigend, lebten laut Berechnungen der „sumerischen Königsliste"

Adam und Eva vor 249'000 Jahren.
Der Mensch existiert demnach erst **seit einem 72`000-stel des Bestehens des Weltalls.**

Eine bessere Vorstellung darüber kann man bekommen mit folgendem Verhältnis - Vergleich:

Nehmen wir an, das Weltzeitalter umfasse den Zeitumfang eines 24-stündigen Tagesablaufes auf der Uhr. Dann würde der Mensch **erst 1,2 Sekunden vor Ende dieses Tagesablaufes existieren!**

Unsere menschlich-zeitlichen Wahrnehmungen registrieren stets einen **Beginn und einen Abschluss,** eine rein **weltlich-zeitliche Dimension,** dies oft auch ohne eine Erkenntnis über die Ursache und das Wie eines Anfangs.

Die für uns organisch - wahrnehmbaren physikalischen Schwingungsbereiche sind Beispiele aus unserer materiell verdichteten, irdischen Welt.

Ausserhalb (oder überhalb) dieser Welt gibt es noch eine andere, feinstoffliche, unserem Weltsystem übergeordnete, für uns physikalisch nicht direkt erfassbare Welt; eine die wir teils auch als himmlische Welt bezeichnen.

So müssen wir feststellen, dass wir
**„sehr wenig über die Dimensionen der Welt,
des Woher, das Wie und Warum wissen"!**

Wenn man sich dieser Tatsachen bewusst wird, ist es unverständlich, dass der Mensch in dieser unendlichen, weisen Schöpfung in vielen Fällen nur allzu oft vieles besser zu wissen meint, als der Schöpfer aller Welten und Wesen.

Es mutet einem an, als ob **Pinoccio** gescheiter sein möchte als wie der Meister, **der ihn aus Holz geschnitzt hat!**

Nach diesen Gedanken dürfen wir nochmals zur Eingangsfrage zurückkommen:
„Wer (und Warum) **ist der Mensch?"**

Gesetzt den Fall, Entstehung und Entwicklung des Weltalls mit Raum und Zeit, bis hin zur („späten") Menschheit, sei nun aber entgegen der eingangs gestellten Zufallsfrage durch eine höhere Weisheit und Allmacht geschaffen und geleitet, dann wird es ein **Muss**, der Eingangsfrage mit Hilfe auch religiöser Kenntnisse, Überlegungen und daraus folgenden Erkenntnissen nachzugehen und zu beantworten versuchen.

Dabei liegt es uns, als im Abendland lebenden, am nächsten, solche Fragen mit Aussagen des Christentums zu untersuchen. Dies kann aber nur zum Erfolg führen, wenn wir uns zum Beispiel von in der Jugendzeit anerzogenen, religiösen Bildern herrührenden Vorstellungen, sowie von kircheneigenen Schriftenauslegungen und Interpretationen lösen und absolut restlos von solchem befreit, vorurteilslos nach eigenen Erkenntnissen streben.

Wir brauchen wieder eine Klarheit im Denken, Sprechen und Zuhören. Wenn das Wahrheitstreben nicht dadurch erwacht, kommt es zu einer **„billigen" Kultur,** wie wir sie heute haben.

Hier gilt ganz speziell der Wahrspruch:
« Wer sucht, der findet! »

Andererseits seien aber auch eventuell atheistisch denkende Leser auf Folgendes aufmerksam gemacht, beziehungsweise vorgewarnt:

Die hier vorliegenden Gedanken, mit Hilfe von Inhalten der Bibel einerseits und in Anlehnung von religiösen (sprich spirituellen) Erfahrungen und Erkenntnissen andererseits, sind nicht für Leser geeignet, welche nicht an eine uns übergeordnete, weise, jenseitige Allmacht in einer überirdischen Daseinswelt glauben.

Solchen Lesern ist es auch nicht vergönnt an ein Weiterleben nach dem Tode und an die Existenz einer Himmelswelt glauben zu können.

Erkenntnisse als
Mitglied in der Christlichen Welt.
1. Einleitung

Die Anzahl der zum sogenannten Christentum zählenden
Menschen ist gross, (gemäss Statistik des 20. Jahrhunderts)
zirka 2,6 Mrd., d.h. 41% aller Menschen;
aber der grösste Teil sind lediglich reine Namens-Christen.

Die einen zweifeln gar trotzdem an einer persönlichen Existenz
Gottes, obwohl die meisten davon sich in inkonsequenter Weise nicht
offiziell von der sogenannten „christlichen Kirche" distanzieren.

Teils möchten sie nicht als Nichtchristen gelten und ihre Kinder
in der Öffentlichkeit nicht als **„nicht-gefirmt"** oder
„nicht-konfirmiert" bezeichnet sehen, und möchten einst gar
nicht als **„unchristlich"** geltende Menschen beerdigt werden.

Leider präsentieren die christlichen Kirchen trotz Reformation
und vielseitigen neuen, geschichtlichen und wissenschaftlichen
Erkenntnissen, sowie neuzeitlichen religiösen Erfahrungen ein in
vielen Fragen verzerrtes, oft widersprüchliches Glaubensbild. Es
bestehen viele Lücken in der heutigen, christlichen Lehre, so dass
viele Menschen zu keinem wirklichen Verständnis der biblischen
Schriften gelangen können.

Zu vielen wichtigen Fragen sprechen die Kirchen einfach von
» göttlichen Geheimnissen «.

Die Kirche ist nicht in der Lage dem Christen eine klares Wissen zu vermitteln über das **Woher und Wohin der menschlichen Seele,** über den wahren Grund und Sinn unseres Lebens und dieser irdischen Schöpfung.

Sie kennt die Ursachen der irdischen Schöpfung und **die Geschichte** der göttlichen Schöpfung nicht.

Vor allem lebt sie in einem falschen Bild über die grundsätzlichen Zusammenhänge und Ursachen des vielen Unrechts, von Kriegen, Unglücken und Leiden in der Welt und vor allem der **Willenshaltung Gottes** dazu (siehe die Themen im 2.Buchteil)..

Das Christentum ist durch weltliche Einwirkungen und Bewegungen entstanden, nicht durch die eigentliche Lehre Christi.

Wer dieser Lehre nicht beharrlich zu folgen versucht, bekommt keinen Zugang zu wichtigen christlichen Wahrheiten und wird nichts verstehen.

Deshalb kann sie die sogenannte Gerechtigkeit und allumfassende Liebe Gottes nicht in Einklang bringen mit den stets schrecklichen Nöten und sogenannten Ungerechtigkeiten in unserer Welt.

Dies alles aus Unkenntnis über die ursächliche *Schöpfung Gottes*, der Tatsache eines göttlichen Widersachers Satan, der Notwendigkeit der irdischen Schöpfung und der Menschheit, sowie im weiteren auch der Notwendigkeit und den tieferen Sinn der *Erlösung durch* **Christus.**

So ist es bedauerlich zu beobachten, wie viele sich zwar Christen nennen, aber keinen wahren christlichen Glauben besitzen und sich auch nicht um die echten Inhalte der christlichen Lehre und deren Wahrheitsgehalt bemühen.

Mitschuld daran sind, wie schon erwähnt, die vielen als unglaubwürdig empfundenen Bibeltexte, dessen Auslegungen durch die Kirchen, und deren grosse Antwortlücken in wichtigsten Daseinsfragen der Menschheit.

Dies ist nicht verwunderlich, wenn man die **Entwicklungsgeschichte der Bibel und der Kirchen-Aristokratie vor und nach Christus** studiert.
Und es lohnt sich diese einmal etwas näher anzuschauen.

2. Zur Entwicklung des Alten Testamentes

Dieses beginnt mit dem sogenannten „Text J"
des Alten Testamentes.

Die Bibel berichtet zuerst über eine Zeit, in welcher der Mensch noch nicht schreiben konnte. Das nachträgliche spätere Festhalten der schon Jahrhunderte vergangenen Zeitgeschichte konnte nur noch durch einen göttlich inspirierten Menschen möglich sein.

Dies geschah **um 950 vor Christus** durch den sogenannten Jahwisten (Jahwe-Verehrer), dem damaligen grossen Propheten **Israels, König Salomo.**

Diese ersten alttestamentlichen Schriften sind nach dem Jahwisten mit **„Text J"** bezeichnet und unfassten die Bücher Mose, Josua, Richter, Prediger, Weisheit, Sprüche, Hohes Lied, Samuel und erstes Buch der Könige.

Nach dem 10. Jahrhundert vor Christus, also schon kurz nach dem Heimgang Salomos, begann die eigenmächtige, israelische Priesterschaft dieses Geschichtswerk nach eigenem Gutdünken und Interessen abzuändern und damit auch teilweise zu verderben.

Im 8. Jahrhundert vor Christus haben die Schriftgelehrten am Tempel von Jerusalem die fünf Bücher Mose weiter verfälscht. Daraus resultierte der nach dem Schriftgelehrten Namens Elohist benannte zweitälteste Bibeltext **„Text E",** des «Alten Testamentes».

Deshalb **brandmarkte** der damalige **Prophet Jesaja** die damals führenden Priester von Jerusalem als « **Anführer und Gesellen der Diebe (Wahrheitsdiebe)** ».

Siehe hierzu Bibel, Jesaja 1,23

Anschliessend, nach 694 vor Christus, haben diese Priester des Jerusalemer-Tempels unter Mithilfe des damaligen Judas-Königs Manasse, den Propheten Jesaja durch Zersägen umgebracht.

100 Jahre später schrieb der Prophet Jeremia vom « **Lügengriffel der Schriftgelehrten** ».

Siehe hierzu Bibel Jeremia 8,8

Seit dem 6.Jahrhundert vor Christus schaffen die Priester des Tempels von Jerusalem das Bild eines « **rächenden, zürnenden Gottes** » und vergiften weiter den Wortlaut der heiligen Schriften. Daraus entstand die Fassung „**Text P**".

Im 5. Jahrhundert vor Christus, in der Exilzeit des Israelischen Volkes in Babylon wirkte der grösste Fälscher der alttestamentlichen Schriften, der **Hohepriester Esra.**

Im Auftrage des heidnischen, persischen Grosskönigs Darius I. hat er auch das Gesetz des « **Schlacht- und Feuer-Opferkultes** »,

Siehe Testamentschrift Esra 3,6; 6,3; und 6,9 f

sowie der « **Opferung der Erstlingsgeburt** » in Israels Testamentschriften aufgenommen, beides Götterbeschwörungspraktiken heidnischen Ursprungs.

Damit sollten die Israeliten, denen bisher jeder Opfer- und Götzenkult als Greuel untersagt war, dem blutdürstigen, heidnischen, babylonischen Gott nähergebracht und damit zu willigen Knechten der Gewalt gemacht werden. Um dies auch testamentarisch zu legitimieren und vorzuschreiben hat Esra, ebenfalls im Auftrag des heidnischen Königs Darius I., die Texte des bisherigen **Alten Testamentes zensuriert,** mit Geboten und Vorstellungen des heidnischen Babylons durchsetzt und zur **Thora** redigiert.

Diejenigen Israeliten und deren Familien, welche sich gegen diese Schriftänderungen und die Einführung des heidnischen Opferkultes wandten, oder die vorgeschriebenen Opfertiere nicht zur Verfügung stellten, wurden im « Namen Gottes » grauenvoll umgebracht.

Siehe Esra 6,11

An mehreren Stellen der Bibel wird deutlich, dass Gott Schlachtopfer als Greuel brandmarkte.

Siehe hierzu Psalm 50,7-15; Jesaja 1,11-17 und Jeremia 7,22-24

Im ausgehenden 5. Jahrhundert geschieht die Verschmelzung der Quellenbestände von Jahwist „**Text J**", Elohist „**Text E**" und Priesterschaft P „**Text P**" zum Bibel-Buchumfang analog dem heutigen „ Alten Testament „.

Zwischen 400 und ca. 290 vor Christus werden durch die Priester des Jerusalemer-Tempels weitere eigenmächtige Verfälschungen im Alten Testament vorgenommen.

Ab etwa 290 vor Christus wird das mit bereits so vielen Verfälschungen geprägte Alte Testament aus dem Hebräischen zur sogenannten „ Septuaginta „ ins Griechische übersetzt. Wie weit aus dieser Übersetzungsarbeit weitere Sinnverstellungen im Bibeltext entstanden sind, ist schwer zu beurteilen.

3. Zur Entwicklung des Neuen Testamentes

Die Geschichte zeigt hier eine ähnliche Ursprungs- und Verfälschungs-Entwicklung wie beim „Alten Testament „.

Die christlich - weltlichen Herrschaften (Christlich-staatliche Würdenträger, Staatsoberhäupter) verschuldeten sich seit den ersten Jahrhunderten nach Christi mit vielen Streichungen, Änderungen und eigenwilligen Ergänzungen an den ursprünglichen Inhalten der Urtext-Originale.

Es würde zu weit gehen hier über die durch frühere Kirchenmächte und staatliche Einflussnahmen eingeführten Glaubensgesetze, heidnischen Irrlehren und Dogmen detailliert zu orientieren.

Die zeitliche Entwicklung kann deshalb nur ein eingehendes und umfangreiches Studium der Kirchengeschichte aufzeigen.

Viele Wahrheiten und ehemals echt christliches, wichtigstes Wissen sind dadurch verloren gegangen, Irrlehren aufgebaut, Unglaubwürdiges eingefügt und verheerend - wirkende Falschvorstellungen bezüglich dem Sinn des menschlichen Lebens und dem „Woher und Wohin" der menschlichen Seele erzeugt worden.

Die Reformation hat nur wenige der falschen Glaubensinhalte und Dogmen ausgeräumt und die Reformierte Kirche, sowie die vielen kirchlichen Abspaltungen leiden ebenso unter teils unglaubwürdigen, falschen Glaubensinhalten und insbesondere durch das Fehlen wichtigster Glaubens- und Heilsbotschaften.

Statt dessen betreiben unsere Kirchen im wesentlichen eine Ämterverwaltung statt echt - christliche Seelsorge. Sie predigen ein verkümmertes geistiges Wissen und geben wenig Orientierungshilfen für ein heilbringendes religiöses Leben. Von den weitreichenden Zusammenhängen christlicher Botschaften wird in Wahrheit nicht geredet. Der Mensch steht diesen verbindungslosen Aussagen unverständlich gegenüber. Er bleibt dadurch den Kirchen fern.

4. Allgemein zur Bibel

Es bestehen heute so viele verschiedene Bibel-Übersetzungen. Die alten klassischen und meist bekannten Übersetzungen sind:

♦ Die Thora, jüdische Übersetzung des AT
♦ Die Septuaginta, griechische Übersetzung
   des AT um 290 v.Chr.
♦ Die Itala (lateinisch) aus dem 2. Jahrhundert
♦ Die Hexapla
♦ Vulgata (lateinisch) 383/384 n.Chr.

Allein in meiner kleinen Privatbibliothek
gibt es folgende 10 verschiedene Bibelfassungen:

♦ katholische Bibel (Vulgata, seit dem Konzil von 1546)
♦ Luther-Bibel
♦ Zwingli-Bibel (« Zürcher Bibel »)
♦ Genfer Bibelgesellschaft
♦ Elberfelder-Bibel
♦ Übersetzung des NT von Dr.Heinrich Wiese, Stuttgart
♦ Werner Heukelbach (Evangelium Johannes)
♦ Johannes Greber NT
♦ Watch Tower Bibel (Jehovas Zeugen)
♦ Good News Bible, Great Britain Standard Bible

Dies ist aber nur ein verschwindend kleiner Teil aller heute gängigen Bibelausgaben. Alle unterscheiden sich in vielen Teilen in Wortwahl und Auslegung.

Trotz all diesen bedauernswerten Inhalts- und Auslegungs-
mängeln der Bibel sind noch so viele wichtige Heilsbotschaften und
Restinhalte zu einst teilweise gestrichenen oder geänderten Texten
vorhanden, so dass der ernsthaft und unvoreingenommene Leser viele
der fehlenden Zusammenhänge und Botschaften zu erahnen,
herauszulesen und mosaik-mässig zu einem wahrheitsgetreuen
ursprungsidentischen Bild zusammenzustellen vermag.

**Denn von Gott haben wir Menschen auch
die Gabe des Denkens und der Vernunft erhalten.**

Es lohnt sich deshalb sich über die in der Bibel enthaltenen
wichtigsten Unklarheiten, schriftlichen Entstellungen und in
irreführende Darstellungen gehüllte, ehemals aber christlichen
Wahrheiten, Gedanken zu machen.

Wichtig dabei ist zu wissen, dass viele Bibelinhalte heute
fälschlicherweise auf irdische Vorstellungen dargestellt sind, aber
ursprünglich im geistigen Sinne zu verstehen verfasst waren, so zum
Beispiel bei der Schöpfungsgeschichte (Mose). Die Christenheit
versteht leider auf Grund der heutigen Bibelinhalte die
Schöpfungsgeschichte nur bezogen auf unsere Irdische Welt. Dabei
berichtet diese zum ihrem grossen Teil über die Schaffung der
himmlischen Schöpfung und erst zum Schluss über die der Erde.

So ist für das richtige Verständnis der Bibel vieles als rein
geistiges Geschehen und dessen Beschreibung zu verstehen. Dies
auch im Sinne einer Orientierung über das „**Woher und Wohin" der
menschlichen Seele** und der Unterstützung unseres Verständnisses
für *Gott, Christus,* Schöpfung, Himmelswelt und allgemein aller
Daseinswelten für die von Gott geschaffenen Geschöpfe.

Da trotz unglaubwürdig ausgelegten biblischen Texten noch sehr viele Bibelinhalte Hinweise auf anders lautende christliche Wahrheiten geben, sind wir noch in der Lage solche zu erkennen, zu verstehen und Anworten zu erhalten auf bisher ungelöste, religiöse Fragen betreffend den oben angeführten falschen oder fehlenden Glaubensinhalten.

Auf Grund der festgefahrenen, sogenannten Theologie der Kirche, in der sich unter dessen „Kirchengelehrten" kaum mehr ein von « **Gott berufener** », sondern lediglich als **Berufspfarrer** ausgebildete Kirchenvertreter befinden, ist diese Kirche mit ihrer intelektuellen Theologie nicht mehr in der Lage, viel wichtigstes, echt christliches Wissen und Wahrheiten erkennen und lehren zu können. Die Institution hat « **das Sagen**», nicht mehr der Mensch.

Auch mangelt es der Theologie an der einfachen, klaren Lehrsprache, mit welcher Christus seine Jünger und das zuhörende Volk lehrte.

Die betrifft insbesondere folgende Fragen:

5. Himmel und Engelswelt

Was sagen unsere „ christlichen „ Landeskirchen dazu ?

Beispiel:

Zum Schweizerischen **Militärdienst** werden zur religiösen Betreuung der Wehrmänner gesetzesgemäss auch Geistliche der Landeskirchen einberufen. Diese leiten dann auch die innerhalb der Militärdienstzeit durchgeführten internen Gottesdienste. Dabei erlebte ich eine im Freien gehaltene, sogenannt religiöse Diskussionsstunde, die gemeinsam von einem **katholischen Priester und einem protestantischen Pfarrer** durchgeführt wurde.

Unter anderen kam von den Soldaten die Frage, ob es tatsächlich Engel und einen Teufel gäbe.

Zu meiner Verwunderung standen beide anwesenden Geistlichen zur Auffassung, dass es weder Teufel noch Engel gäbe.

Die Bibel nennt in mindestens 400 Fällen die Engel, sowie die Cherube (Cherubine), die Saraphe (Seraphine), die Erzengel, die Sieben Söhne Gottes und in zirka 600 Stellen den Geist oder den heiligen Geist.

Das bedeutet, sie bezeugt in zirka 1000 Stellen die Existenz einer geistigen Engelswelt.

Wie können nun sogenannte «Geistliche» der christlichen Kirche die Engel und damit die jenseitige Engelswelt (Himmel) als nicht existent erklären?

Grosse genial begabte Menschen bezeugen ihr Wissen über die Existenz der Engelswelt, so zum Beispiel:

M. Chagall (1887 - 1985),
bekannter russischer Maler und Graphiker schreibt:
« Wer mit den Engeln zu leben vermag, lebt anders als der, dem dieser Trost versagt ist. Ohne die Engel sind wir um viele Erfahrungen ärmer.»

Elisabeth Kübler-Ross, Pionierin für Sterbebegleitung und Sterbehilfe, über Engelwesen:
« Jeder Mensch hat solche Begleiter, ob er daran glaubt oder nicht. Es ist unwichtig, welche Beziehung wir ihnen geben. Aber es ist wichtig zu wissen, dass jeder einzelne Mensch, vom Moment an, wo er den ersten Atemzug tut, bis zu dem Augenblick, wo er sich der Verwandlung hingibt, von Geistführenden und Schutzengeln umgeben wird.»

Nelly Sachs (1891 - 1970),
Schwedische Dichterin und Nobelpreisträgerin schreibt:
« Sagen wir doch nicht, es gäbe keine Engel mehr, wenn ihr die Liebe erkannt habt - ihre rosigen Flügelspitzen - ihre eherne Strenge ».

Über die Existenz der jenseitigen Engelswelt zeugen folgende Beispiele von direkten **Manifestationen des Himmels** während der Wirkungszeit Christi:

> Hier hören wir, wie sich der **Himmel** « öffnete » und die **Engel** sich den Hirten kundtaten.
>
> *Luk. 2, 9 - 15*

> Der **Himmel** « öffnete » sich und die **göttliche Stimme** erscholl: « Du bist mein geliebter Sohn, an dir habe ich Wohlgefallen gefunden ».
>
> *Mark. 1, 10 - 11*

> Aus dem **Himmel** erschienen (auf dem Berge Tabor) Moses und Elias
>
> *Mat. 17, 3 - 5*

> und redeten mit Christus; *Mark. 9, 2 - 8*

> und eine **Stimme** aus der **Wolke** sprach: « Dies ist mein geliebter (auserwählter) Sohn, an dem ich Wohlgefallen gefunden habe, auf ihn höret. »
>
> *Luk. 9, 28 - 35*

> Sichtbar für die Jünger Jesu « öffnete » sich der **Himmel** und Christus wurde in den **Himmel** emporgehoben (Christi Himmelfahrt). Spricht doch auch gerade Christus selbst folgende Worte:
>
> *Luk. 24, 51*

« Ich bin vom **Himmel** hergekommen, und in den **Himmel** kehre ich zurück. »

Joh. 3,13; 7,33; 13,1 - 3; 16,5 - 7

« Da wo ich **hingehe**, sollt auch ihr **hinkommen** ».
Da Christus damit seine kommende Heimkehr in den **Himmel** ankündigte, heisst dies doch, dass wir auch einst dorthin kommen sollen.

Joh. 14,2 - 3

« Ich bin von **oben**, ihr aber seid von **unten**. » Da Christus von Gott aus dem Himmel zur Erde gesandt wurde, versteht Christus unter „ **von oben** „ den Himmel, und damit unter „ **von unten** „ den geistigen Bereich ausserhalb des göttlichen Himmels.

Auch beten wir:

« ... Unser Vater ...im Himmel ...»   *Joh. 8,23*

Zu all diesen Worten können sich viele Christen keine Vorstellung machen; es bleiben viele Fragen offen:

- ♦ Wohin ist Christus gegangen, wenn es heisst, dass Christus in den Himmel aufgestiegen ist ?
- ♦ Wo ist denn dieser Himmel?
- ♦ Was bedeutet sein Wort:
  « Ich bin von oben; ihr aber seid von unten? »

Wenn man an die Existenz Gottes und damit an eine Engelswelt, also an eine überirdische, geistige Welt glaubt, enthält dies auch die Tatsache einer durch Gott gewollten Entwicklung dieser geistigen Engelswelt als einen Teil seiner Schöpfung.

Siehe hierzu nur einige der vielen biblischen Zeugnisse dazu:
1. Mose 14,19; Jes. 51,16; 2. Makk. 1,24 und 7,23;
Judith. 9,12 und 13,18; J. S. 24,8 und 51,12d

Gemäss den Evangelien rief Gott zu Beginn dieser Entwicklung seinen Sohn Christus ins Leben.

In vielen Texten bezeugt die Bibel *Christus* **als den** *Sohn Gottes*:

Mat. 3,17 ; 4,3; 8,29; 14,33; 16,16-17; 26,63-64;

Mark. 1,11; 3,11; 5,7; Luk. 1,35;

Joh. 1,18; 1,34; **3,16 f.;** 5,25; 10,36; 20,30-31;

Apg. 9,20; **Römer 8,29+32;** 1.Kor. 1,9;
2. Kor. 1,19; Gal. 4,4+6;

Eph. 4,13; Heb. 4,14; Off. 2,18.

6. Das Totenreich

Die Bibel zeugt in über 40 Stellen vom « Totenreich », als einem Reich im „Abgrund", einem « Reich der Bosheit », in welches der „ glänzende Morgenstern „ hinabgestürzt wurde.

Bibelbeispiele sind:
1. Mo 37,35;

Hiob	24,19	die Bibel spricht von denen die gesündigt haben;
Hiob	26,6	Totenreich als Abgrund;
Hiob	33,18	Grube und Totenreich;
Ps.	9,18	Totenreich, Ort der Gottlosen;
Ps.	55,16	Die Bosheit ins Totenreich;
Ps.	86,13	Errettung aus dem Totenreich;
Jes.	14,11 - 15	Sturz des strahlenden Morgensterns;
Ez.	31,15 - 17	Sturz ins Totenreich;
Mat.	11,23	ins Totenreich hinabfahren;
Luk.	10,15	ins Totenreich hinunter gestossen;
Luk.	16,23	im Totenreich von Qualen gepeinigt.

In so vielen Zeugnissen orientiert uns die Bibel über den Fall des ehemals „glänzenden Morgensterns", einem ehemals hohen Fürsten des Himmels, der mit einem grossen Anhang gottlos gewordener aus den Himmeln ins qualvolle Totenreich gestürzt wurde.

Diese alle sind einst von Gott als reine Wesen ins Leben gerufen worden; denn Gott hat nie unreine, sündhafte Wesen geschaffen. Aber Gott hat all diesen durch ihn ins Leben gerufenen Wesen den freien Willen, aber auch die Gesetze Gottes gegeben. Ohne diesen freien Willen hätte Gott ja nur willenlose und damit schöpferisch unfähige Wesen, das heisst, Roboter geschaffen.

Dieser freie Wille ist ein Teil der göttlichen Gesetze.

Gott verletzt diese seine eigenen Gesetze selbst nie. Damit haben alle diese göttlichen Wesen, als Kinder Gottes die Möglichkeit des freien Willens, diese Gesetze zu befolgen, oder nicht. So verhält es sich auch bei uns Menschen.

Die vielen Nöte, Ungerechtigkeiten, Boshaftigkeiten, Kriege etc. sind ein Werk der Menschen und können nur mit Hilfe positiv geistiger Beeinflussung der Menschheit verhindert werden; dies aber nur, wenn der Mensch auf diese göttlich-positive Stimme hört und sie auch befolgt.

Andernfalls muss er durch die bitteren Erfahrungen der negativen Auswirkungen seiner falschen Handlungsweise lernen, künftig das göttlich-gesetzlich Richtige zu tun. Doch darüber soll in einem späteren Abschnitt und im 2.Buchteil nochmals die Rede sein.

In diesem Zusammenhang spricht die Bibel auch vom Herrscher des Totenreiches, dem Satan.

Siehe: Mat. 9,34; 12,24; Mark. 3,22;
Luk. 11,15 (Belzebub, der Herrscher der Dämonen);
Off 6,8 (Herrscher des Totenreiches)

Von der Existenz Satans, seines verderblichen Einflusses auf die Menschen, zeugen unter anderem folgende biblischen Berichte:

Hiob 1,6 - 21; 2,1 - 8; Sach. 3,1-2; Mat. 4,1 - 11; 12,26; 16,23;
Mark. 1,13; 3,23+26; Luk. 11,18; 22,3; Joh. 13,27;
Apg. 5,3; 26,18; Römer 16,20; 2. Kor. 11,14;
1. Thess. 2,18; Off. 2,9+10+13; 3,9

Die durch diese **Todsünde**
in diesem Totenreich lebenden,
gottlosen Wesen werden als
« die Toten » bezeichnet.

Es sind wohl aktionsfähig existierende Wesen, welche aber durch
ihren Ungehorsam gegen Gott und den ihnen von ihrem einstigen
Schöpfer vorgegebenen geistigen Gesetze, ihrer göttlich-schöpfe-
rischen Fähigkeiten verlustig gegangen sind.

Verloren sind ihnen damit auch Erinnerungen an ihr früheres himmlisch-glückliches Dasein. So heisst es zum Beispiel in Pred 9,5:

« Die Toten wissen nichts. » Während der irdischen Wirkungszeit Christi, also noch vor dessen Erlösungstat, gehörten auch all jene damals lebenden Menschen, welche Christus noch nicht als Gottes Sohn erkannten, zu den **« geistig Toten »**.

Sie waren fast ausschliesslich noch alle aus den höllischen Bereichen auf diese Erde gekommen (inkarniert worden).

Deshalb hat Christus beispielsweise folgende Worte gebraucht:
« Lass die Toten ihre Toten begraben »,

Mat 8,22; Luk. 9,60

oder

« Wenn Du an mich glaubst wirst Du leben »
 (nicht mehr geistig tot sein),

Joh. 5, 24; 6,35 - 40+47- 48; 8,12

oder

«... gebet euch selbst Gott hin als solche,
 die aus Toten lebendig geworden sind, ...», *Römer 6, 13*

oder

« Ich bin der Gott Abrahams, Isaaks und Jakobs »;
« Er ist nicht ein Gott von Toten, sondern von Lebendigen ».

Mat. 22.32; Mark. 12,26 - 27; Luk. 20, 36 - 38

Obwohl zur Zeit Christi Abraham, Isaak und Jakob schon längst verstorben waren, werden diese als vor Gott Lebendige genannt, da sie ihrer Gesinnung nach Gott zugehörige Seelen sind.

7. Satan, der Herrscher unserer Welt

Darüber orientiert die Bibel mit diversen Bezeichnungen in mindestens 294 Fällen, z.B.:

> 49 mal von Satan, 35 mal vom Teufel, 59 mal vom Widersacher, 7 mal von Feldteufel, 22 mal vom Drachen, 66 mal von Dämonen und 56 mal von bösen Geistern. Darunter vermeldet uns die Bibel:
> Der Sohn der Morgenröte („Morgenstern") wird ins Totenreich hinabgestürzt.
>
> *Jes. 14,12 - 15*

> «Ich sah den Satan wie einen Blitz vom Himmel fallen.»
>
> *Lukas 10, 18*

Satan ist also ein aus dem Himmel gestürztes Wesen; muss daher vor dem Sturz ein himmlisches Wesen, wie wir sagen, ein Engel gewesen sein. Weiter heisst es:

> « Und es entstand Krieg im Himmel, so, dass Michael und seine Engel Krieg führten mit dem Drachen.»
> Michael ist einer der sechs Erzengel, gemäss Daniel 12,1 ein mit Schutz- und Kampfesmacht ausgestatteter grosser Engelsfürst, der nun gegen den Gott untreu gewordenen Erzengel, namens Lichtträger
> (auch „ glänzender Morgenstern „ genannt) bezw. Luzifer (Drachen) Krieg führt, womit Luzifer mit seinem ebenfalls ungetreuen Anhang (Teil der Engelswelt) gemäss Auftrag Gottes gestürzt und in die Unterwelt hinab gestossen wurde.
>
> *Offenbarung 12, 7 - 9*

« Dann hat Gott Engel, die gesündigt (also direkt gesündigt) hatten, nicht verschont, sondern sie in finstre Höhlen der Unterwelt hinab gestossen. »

2. Petrus 2,4

Wie können nun Geistliche der christlichen Kirchen den Satan als nicht existent erklären?

Es steht nun aber biblisch mehrfach bezeugt, dass es einen Satan, eine Hölle (Unterwelt), und eine Vielzahl von mitgestürzten, ehemaligen Engeln gibt.

Sturz Luzifers (Sohn der Morgenröte) als „ Satan „ ins Totenreich.

Siehe hierzu auch: Jes. 14,12 - 15

«...euer Vater aber ist in der Hölle. Er heisst Vater der Lüge und des Verderbens.» *Joh. 8,44*

Mannigfache Bibeltexte berichten über das Wirken Satans und seiner teuflischen Scharen.

Siehe: 1. Sam. 16,14 - 23; 18,10; 19,9; 1. Kön. 22,23;
Ps. 106,37 - 38; Tob. 6,8; Luk.4,33; 8,2+36; 11,14;
Mat. 4,24; 8,16+28+33; 9,32; 12,22;
Mark.1,23+32; 5,2; 5,7; 5,15 - 18; 16,9.

Mit diesen biblischen Berichten und vielen anderen Zeugnisstellen orientiert uns die Bibel über folgende Tatsachen:

- Es existiert eine ausserirdische Welt, in der es auch viele **böse Geister** gibt.

- Diese **bösen Geister**, auch **Dämonen** genannt, peinigten ganz speziell vor und während der Lebenszeit Christi die Menschen mit Blindheit, Stummheit, Lähmungen und anderen Krankheiten und nahmen geistigen Besitz von ihnen (Besessenheit).

- Besessenheit ist also eine Inbesitznahme eines Menschen durch einen ausserirdischen Geist, nicht eine Gehirnkrankheit.

- Diese **Dämonen** schlugen in Führung Satans auch Tiere, Pflanzen und Natur mit Krankheiten und Unglücken.

Die „ Satanischen „ wirkten hierzu noch unumschränkt . Auswirkungen, die durch die Kirche in der christlichen Religionswelt entstanden sind durch das **„in Abrede stellen"** der **Existenz** eines Teufels : „dass es keinen Teufel gebe",

Erlebnisbericht im 5. Kapitel, Seite 24

werden für den Menschen die Tatsachen von Ungerechtigkeiten, Boshaftigkeiten und Kriegen unverständlich. Durch Gott werden diese weltlichen Übel und Leiden weder geschaffen noch geschürt. Ohne schlechte geistige Einflüsse via den « Freien Willen » des Menschen würden solche verderbliche, Unheil bringende Übel nicht aufkommen.

Dabei wäre es für den ethisch positiven Fortschritt des Menschen so wichtig, dass er diese Zusammenhänge erkennen würde und sich dessen stets voll bewusst wäre.

Wichtig für den Menschen ist auch das Wissen, dass die beim Engelssturz gefallenen sich nicht alle gleich stark versündigt haben.

Das Wort im **2. Petrus 2,4** (siehe Seite 34) zeugt von **Gestürzten**, die sich auf Grund **schwerwiegend, gott-feindlicher Aktivitäten** extrem verschuldet haben und in die untersten Bereiche verbannt wurden.

Gemäss Text in **Judas 6**, gab es auch lediglich wankelmütige, nicht standhafte Mitläufer; das heisst weniger stark Verschuldete, so wie es dort heisst:

> « **Und die Engel, die ihre Würde**
> **nicht bewahrten**
> **(also die wankelmütigen**
> **und nicht standhaften),**
> **sondern ihre eigene**
> **Wohnung verliessen**
> **... unten in der**
> **Finsternis verwahrt.** »

Diese waren also lediglich in der Finsternis verwahrt, und gehören in den überwiegenden Fällen zu denjenigen, welche sich durch die Erlösung schon frühzeitig auf den langen, beschwerlichen Weg zurück zu Gott begeben konnten.

8. Das Woher und Wohin der menschlichen Seele

Um über diese Frage Klarheit zu bekommen, muss man wissen, dass der Mensch schon als ein sünden-gezeichnetes Wesen auf diese Erde hineingeboren wurde. Woher rühren denn nun seine seit Erdenbeginn bestehenden unvollkommenen, sündhaften Charaktereigenschaften und Neigungen? Diese hat er sich nicht erst im menschlichen Dasein angeeignet. Gott hat aber nie sündhafte Wesen geschaffen! Wo hat dieser Wandel von guten zu schlechten Verhaltensweisen stattgefunden, woher kommt der Mensch?

Gemäss **1. Mose 3**, hat Satan die Eva und den Adam zur Verletzung eines vorgegebenen göttlichen Gesetzes im Paradies verleitet, also vor dem ausserparadiesischen Erdendasein von heute. Im weiteren geschah auf Erden der erste Sündenfall, als Kain seinen Bruder Abel erschlug. Satan existierte also schon vor der Existenz der Menschheit.

Die Menschen waren daher seit ihrer Existenz im Stande falsch zu handeln, zu sündigen. Und wie sieht heute die Welt aus:

In so vielen Ländern, Völkern und Regionen geschehen stets Kriege, Verbrechen und Grausamkeiten.
Der Mensch ist also ein Wesen, das vom Bösen beeinflusst, Böses zu tun fähig ist.

Die *Engelwesen des Himmels* leben und wirken im Gegensatz zu den **Wesen des Totenreiches** nach den von Gott geschaffenen Gesetzgebungen, sind rein geblieben, nicht sündhaft geworden.

Was ist nun der Mensch ?

Er ist ein Geschöpf, das schon vor seinem irdischen Erscheinen unrein war und sich seit seinem Erscheinen auf dieser Erde oft und stark sündhaft verhält, und gegen die göttlichen Gesetze handelt. Die menschliche Seele stammt also aus dem Wesensbereich der gefallenen Engel.

Joh. 8,44: «... euer Vater aber ist in der Hölle.
Er heisst Vater der Lüge und des Verderbens. »
Die Bibel erläutert dies wie folgt: **1. Joh. 3,8 - 10**:

« Wer die Sünde tut, stammt vom Teufel; denn der Teufel sündigt von Anfang an ...   Jeder, der aus Gott gezeugt ist, begeht keine Sünde ...   Daran sind die Kinder Gottes und die Kinder des Teufels zu erkennen ..»

Wir wissen, dass Gott die unendliche Liebe ist, stets und immer bereit sündigen Geschöpfen zu vergeben. Anderseits schadet ein Wesen in der Sündhaftigkeit laufend seiner eigenen, von Gott gegebenen Seele. Die Seele wird durch das stete sündhafte Verhalten je länger je abgestumpfter, gewissenloser und verroht zu möglicher grösserer Sündhaftigkeit.

Eine göttliche Vergebung allein bringt dieser Seele die Reinheit noch nicht zurück; diese muss eigens wieder erworben werden. Die Vergebung, im Sinne einer Erlösung eröffnet dem Menschen nur die Möglichkeit, den Weg zurück zur Reinheit wieder finden und gehen zu können. Die Fähigkeit zu gerechtem, liebevollen Handeln muss unter grössten Anstrengungen mühsam wieder errungen, gelernt werden. Dies ist leider beim Menschen nur möglich, wenn er die leidvollen Auswirkungen seines falschen, sündhaften Handeln an sich selbst erlebt.

Das Paradiesgeschehen hat dies gezeigt. Im sogenannten Paradiese waren diese erschwerten Bedingungen, wie sie unser Erdendasein aufweist, nicht vorhanden. Die menschliche Seele hatte dort unter der Leitung des Fürstenpaares Adam und Eva ein schönes, sorgenfreies Leben und Wirken.

Sie hatten lediglich im Sinne einer Prüfung ein von Gott vorgegebenes Verbot zu beachten. Eine solche Prüfung war aber sicher nur notwendig, weil sie schon vor Beginn der Paradieszeit durch Sündhaftigkeit gezeichnet waren.

Leider haben sie diese Prüfung nicht bestanden und sind so dieses Paradieses verlustig gegangen.

Die entsprechenden menschlichen Schicksale und Nöte unserer Erde sind nicht eine sogenannte « **Strafe Gottes** »!

Sie dienen auf Grund der unendlich, liebevollen göttlichen Weisheit dem Menschen selbst. Das heisst, Gott bleibt nur die Möglichkeit, in der Wirkung der bestehenden, göttlichen Gesetze, dem Menschen eine „ Schule „ zu schaffen, in welcher er, in dem durch sein eigenes falsches Handeln verursachten Leid, selbst in Mitleidenschaft geraten, Schritt um Schritt alle seine sündhaften Fähigkeiten und Neigungen abbauen muss. Dies so lange, bis zur endlichen Rückgewinnung seiner ehemalig seelischen Reinheit. Dafür hat Gott die irdische Ebene, die „Erden-Schule" geschaffen.

Wenn man sieht, dass die Menschheit seit ihrer irdischen Existenz vom sündhaften Verhalten begleitet ist, einst aber, das heisst, vorher als reine Wesen geschaffen waren, so reift die Erkenntnis, dass die Menschen einst zur reinen Engelswelt gehörten.

Anlässlich des Engelsturzes mussten sie, entweder als Mitläufer oder gar als stark in der Untreue gegenüber den göttlichen Gesetzgebungen Mitverschuldete, die Himmel verlassen.

Gemäss göttlicher Gnade besteht für die Reuigen die Möglichkeit ihre frühere „ Reinheit „ zum Teil durch Erdendasein wieder zu erarbeiten und so wieder den Himmel zurück zu gewinnen.

Siehe hierzu im 10. Kapitel: « Die Erlösung »

Die Geschichte lehrt uns, dass viele Menschen in ihrem momentanen Leben nur in kleinsten Schritten, oft auch leider gar nichts, zu dieser „ Reinheit „ beitragen.

Wie oft äussern wir uns über nach unserer Ansicht moralisch unverbesserliche Mitmenschen: « Der wird sich nicht ändern, der bleibt wie er ist »!

Wenn Gott nun aber eine entsprechend geeignete „ Schule „ erschaffen liess, dann wird er dem Menschen so oft die Gelegenheit zum mehrfachen Besuch dieser Schule geben, bis er in dessen höchsten Stufen, als dem Enderfolg, die notwendige „ Seelische Reinheit „ („Abitur der Seele") als „ Grenzpass „ in den Himmel errungen hat.

Das bedeutet doch, dass der Mensch im Hinblick auf dieses Ziel in den meisten Fällen mehrere Male (in mehren Stufen) in diese „Schule", das heisst in ein Menschenleben gesandt wird.

Das bestätigen auch die verschiedenen Inkarnationslehren anderer Weltreligionen.

Bekanntlich gehört die Idee der Reinkarnation in den fern-
östlichen Religionen des Hinduismus und Buddismus zum Glaubens-
gut von Millionen von Menschen. Diese Tatsache belastet das Reden
über die Wiederverkörperung, denn man gerät in den Verdacht, ein
Anhänger östlicher Weisheiten oder Lebensauffassungen zu sein.
In Wirklichkeit ist das Wissen über die Reinkarnation ein
Grundelement des anfänglichen Christenglaubens.

Die Bibel orientiert ebenfalls von dieser notwendigen
Wiedergeburt; was leider in den vergangenen Jahrhunderten in der
Bibel durch „ Christliche Pharisäer „ von ihrem ursprünglichen Sinn
gefälscht oder ganz herausgestrichen worden ist, und von den
Theologen missverstanden und deshalb so verneint wird.
Restbestände von solchen Hinweisen verblieben zum Beispiel
noch in folgenden Bibeltexten:

Mat. 11,13 - 15:
Dem gemäss erwarteten sie die Wiedergeburt von Elia.

Mat. 16,13 - 14; 17,10 - 13 und **Mark. 8,27 - 28**:
Sie glaubten und wussten also von einer Wiedergeburt
von früher Verstorbenen, wie z.B. Johannes der Täufer,
Elia, Jeremia oder anderen Propheten .

Joh. 3,3:
Damit erklärte Jesus diesem Nikodemus, dass er, um in
das Reich Gottes einkehren zu können, mit dem Willen
nach Gottes Geboten zu leben, **von Oben her** wiedergeboren werden müsse; also **nicht aus dem satanischen
Reich**, in ein neues Erdenleben (inkarniert),
zu kommen habe.

Joh. 9,2:
Hier handelt es sich um einen Menschen der blind
geboren war. Für den Fall, dass er dieses Leiden hatte,
weil er früher gesündigt hätte, bedeutet dies, dass er also
schon einmal lebte. Die Jünger kannten also das Gesetz
von Inkarnation und Karma.
1.Pe 1,23 f.:
Das zeigt, dass die menschliche Seele von Gott
unvergänglich geschaffen wurde und nach Gottes Willen
wiedergeboren wird.

Berühmte, von Gott begnadete Schriftsteller, besassen oft ein
grosses Wissen über die Tatsache des Weiterlebens nach dem
irdischen Tod und der Wiedergeburt im Sinne einer Inkarnation. Um
nur einige Beispiele zu nennen:

Johann Georg Schlosser, Schriftsteller, Jugendfreund
und späterer Schwager Goethes, sagte einmal (1781):
»Die Wiederverkörperung erklärt tausend Rätsel!«

Johann Wolfgang Goethe, deutscher Dichter schildert
im „ Gesang der Geister über den Wassern „:
»Des Menschen Seele gleicht dem Wasser:
 Vom Himmel kommt es, zum Himmel steigt es, und
 wieder nieder zur Erde muss es, ewig wechselnd.«

Immanuel Kant, Philosoph, hat bereits in seinen
Vorlesungen über die Psychologie gesagt (1889):
»Der Anfang des (irdischen) Lebens ist die Geburt.
Dieses ist aber nicht der Anfang des Lebens der Seele.
Das Ende des Lebens ist der Tod; dies ist aber nicht des
Lebens der Seele, sondern des Menschen.«

Geburt, Leben und Tod auf Erden sind also nur Zustände der Seele. Es bleibt die Substanz, wenngleich der Körper vergeht; also muss auch die Substanz dagewesen sein bevor der Körper entstand. Kant's Seelenlehre enthält alle Bestandteile der Präexistenz und der Unsterblichkeit.

So bezeugen grosse, genial begabte Mitmenschen ihr Wissen über die Wiedergeburt, welche der schrittweisen Aufwärtsentwicklung der menschlichen Seele dient. In dieser Schule wird der Eine schneller Fortschritte machen, der Andere weniger; oder Einige werden sogar in irgendwelchen „**Schulstufen** „ sitzen bleiben und deshalb entsprechend **repetieren** müssen.

Es kann aber sogar vorkommen, dass ein Mensch durch ein schlimmes, verbrecherisches Leben sogar Rückschritt macht.

Über dieses Thema wäre noch viel zu sagen. Am Wichtigsten ist jedoch dabei die Erkenntnis, dass durch Gott und seiner unendlichen Liebe und Gerechtigkeit die unaufhörliche Gelegenheit zur Schulung der Seele, bis zu deren vollkommenen Reinheit geschaffen wurde.

Das heisst, bis zur Erreichung einer ethisch hohen Charakterfestigkeit und Beständigkeit im Einflussbereich zwischen
« Gut und Böse », soweit, dass er dem Gebot der Nächstenliebe lückenlos nachlebt.

9. Christus, die Schöpfung und die Erde

Dem Gottgläubigen zeigt sich hierzu folgendes himmlisches Hierarchie-Bild. Siehe hierzu auch das Bild des „ Siebenarmigen Leuchters „ auf nächster Seite.

Die höchste Allmacht liegt bei Gott:

Gott

Gott zeugte seinen Sohn; es ist sein «**Eingeborener Sohn**»:
Siehe hiezu einige der vielen diesbezüglichen Bibelstellen:
Psalm 2,7; Mat. 14,33; 16,16; 26, 63 – 64; Mark. 5,7; Luk. 1,35;
4,41; Joh. 1,18; 1,34; 1,49; Joh. 3,16; 1. Joh. 4,9; 5,20

Gott hat Christus zu seinem vollständigen Erben gemacht.
Siehe hiezu: Mat. 11,27

Christus

Und damit sind Gott und Christus in all Ihrem Tun stets «**Eins**».
Siehe hiezu: Heb. 1,2; 2.Sam. 7,14; Joh. 8,28; 10,30 und 16,15

Durch Christus' Schöpferkraft hat Gott die Welt gemacht.

Durch Christus und mit dem von Gott gegebenen Lebens-funken sind die weiteren göttlichen Geschöpfe ins Leben gerufen worden.

Als erstes die sogenannten «**sechs Erzengel**», welche sind:
Siehe hiezu: Jes. 14,12 – 15; Tob. 3,17; 5,4; Dan.8,16; 9,21; Luk.
1,19; 1,26; Ez. 23,4 – 5 u. 11; Jud. 9

Luzifer* Glanzstern,
Heilerengel – **Raphael,**
Gabriel – Verkünder,
Ohola*,
Michael – Streiterengel,
Oholiba*.

Christus ist unter den himmlischen Heerscharen nach Gott der vollkommenste Geist, mit der ihm von Gott verliehenen grössten Schöpferkraft.
Siehe hiezu: Kol. 1,16

So ist im Laufe von für uns Menschen unvorstellbar grossen Zeitabläufen der Himmel mit seiner für uns unzählbar grossen Engelswelt entstanden.

Engelscharen,
Engelsfamilien,
mit all den bekannten Propheten
Siehe unter Kapitel 11, Seite 64

Aber «**Für Gott sind tausend Jahre wie ein Tag.**»
Ps. 90,4

* Beim Engelsturz
mitgefallene Erzengel

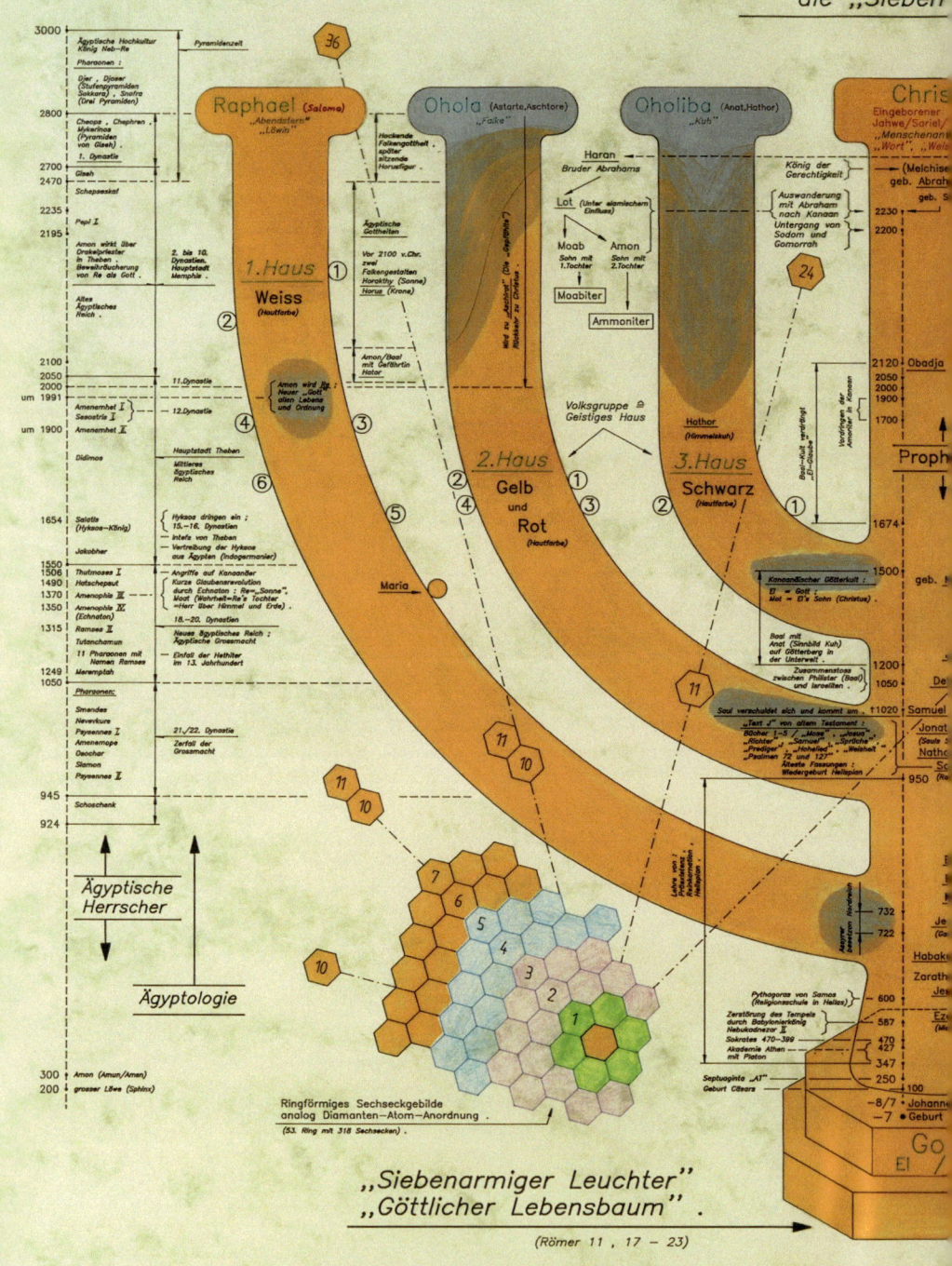

Die „Sieben Sö…
die „Sieben …

„Siebenarmiger Leuchter"
„Göttlicher Lebensbaum".

(Römer 11, 17 – 23)

„Salomo" – „Die Königsquelle"

(Gemäss Buch von Robert Sträuli.)

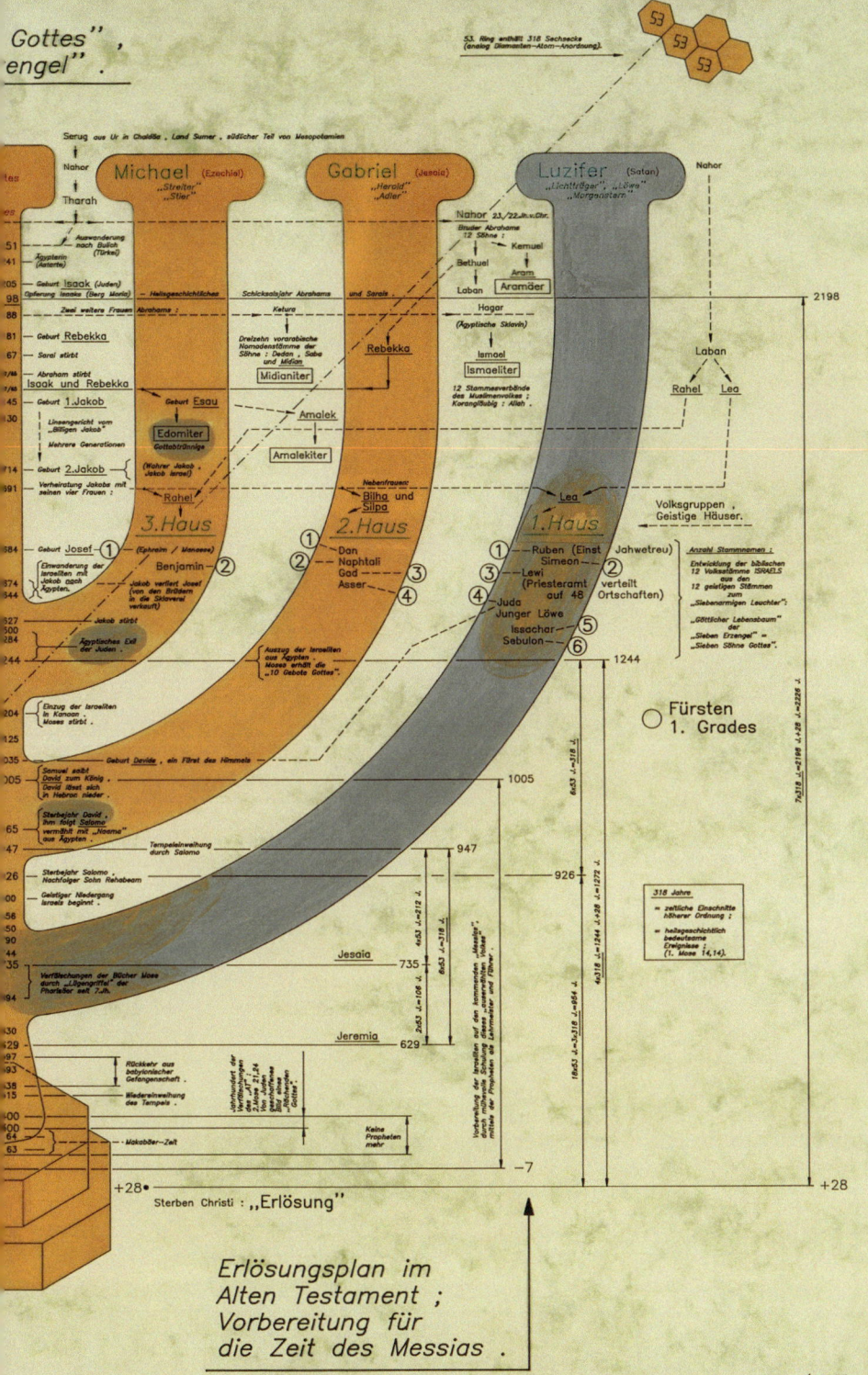

Erlösungsplan im
Alten Testament ;
Vorbereitung für
die Zeit des Messias .

Heim / 1996

«Dieses Leuchterbild kann vergrössert auf Bildgrösse 52 x 72 cm beim Autor bezogen werden.»

Bestelladresse : alfred.heim@bluewin.ch
        oder : Schweiz 062 873 52 49.

**So ist Christus durch Gott
zum Schöpfer
der Himmelswelt und
unserer irdischen Welt
(mit der Erde) geworden.**

Die Erde selbst bedeutet für uns Menschen
eine heilsame, wenn hierfür leider auch oft leidvolle „Schule".

Siehe Feststellungen in Kapitel 8. Seite 37 - 43

10. Die Erlösung

Joh. 6,39 orientiert dazu, dass damit **keines** verloren gehen soll, dass er, Christus dadurch alle die Seinen, ihm vom Vater gegebenen durch ihre Auferstehung anlässlich des « Jüngsten Tages » (Letztes Gericht) auferwecken werde,

Was bedeutet den sich zu einer christlichen Konfession zählenden Menschen die « Erlösung » ?

Die meisten von ihnen haben darüber keine klare Vorstellung.

Viele glauben, dass ihnen dadurch, nach einem einmaligen menschlichen Leben, alle ihre menschlichen Sünden vergeben werden, und sie damit an einem einmal kommenden, sogenannten « Jüngsten Tag » für den Einzug aus ihren irdischen Gräbern in die himmlische Engelswelt, oder eine himmlische Erde auferstehen werden. Ganz ausgeprägt hat dies die kirchlich - theologische Botschaft verschiedener christlichen Kirchen. Kann dies die Wahrheit sein, dass die Menschen trotz ihres sündhaften Tuns oder ihrer gottlosen Lebenshaltung nun durch ihr Ableben automatisch, von all ihren Sünden reingewaschen, für den Himmel würdig sein sollen ?

Wie wir gemäss den vorhergehenden Kapiteln

6. Das Totenreich *Seite 29 - 32*

und

7. Satan der Herrscher unserer Welt, *Seite 33 - 36*

wissen, hat Gott alle gegen seine Gesetze verstossenden Wesen mit ihrem teuflischen Führer aus den Himmeln

„ In den **Abgrund,** ins Reich der **Bosheit** „ verwiesen.

Ebenso orientiert die Bibel über die Ausweisung von Adam und Eva aus dem Paradies nach der Nichtbeachtung der göttlichen Anweisungen.

Siehe hierzu die Erkenntnisse in Abschnitt 8. Seiten 37- 43

Es kann daher nicht sein, dass die sündhafte Menschheit nun durch Christi Erlösungstat, automatisch reingewaschen. von allen Sünden, plötzlich in die Himmel einziehen kann.

Dies stände doch im krassen Widerspruch zu dem von Gott ausgelösten **« Fall der ungehorsamen Geister »**, wobei diese «Gefallenen» auf Grund ihrer sündhaften Einstellung, bis hin zu teuflischen Handlungsweisen, nicht mehr des göttlichen Himmels würdig waren.

Denn, wenn das die Bedeutung der Erlösung wäre, dann müssten alle Sündigen, also auch der Satan und sein höllischer Anhang schon wieder unter den Seligen des Himmels sein.

Dies wäre dann zugleich auch ein Freibrief für weiterhin unbeschränkt böshaftes Tun.

Die Kirche selbst spricht doch andererseits ebenfalls von einem sogenannten **Fegefeuer** (römische Kirche) und einer **Hölle** als „Auffangort „ derjenigen sterbenden Menschen, welche sich je nachdem in ihrem Leben leicht oder schwerer versündigt haben. Die « Erlösung » muss also einen andern Sinn haben, und andere wichtige, grosse Auswirkungen für die Menschheit bedeuten, als wie sie die Kirche darstellt.

Dass mit der »Erlösung« die alltäglichen Sünden nicht auch automatisch vergeben sind, geht aus vielen Berichten der Bibel hervor.

Es ist die Sünde des seinerzeitigen Abfalles von Gott, der sogenannten **Todsünde**, welche als eine **Versöhnung** mit Gott durch die »Erlösung« vergeben ist.

Siehe auch: Römerbrief 5,11 und 2. Korintherbrief 5, 18 - 19

Infolge des Abfalles und der damit zusammenhängenden, dauernden Verletzung der göttlichen Gesetze hat sich die Seele zum Teil bis fast zur Unkenntlichkeit verdunkelt, geschädigt, und mit allen erdenklichen Untugenden und Boshaftigkeiten verunstaltet.

Dies zu bereinigen ist leider nur durch eine harte, sehr lange und wiederholende „ **Schule** „ möglich.

„ Das Leben auf unserer Erde
ist ein Zweig dieser Schule. „

Dass deshalb mit der « Erlösung » alle Begleitsünden nicht automatisch getilgt sind, geht ebenfalls aus der Bibel hervor.

So heisst es zum Beispiel:
« Wer über den heiligen Geist lästert,
dem wird nicht vergeben werden ».   *Mark. 3,29*

Da jedes Geschöpf, als von Gott geschaffen, unabhängig seiner seelischen Reinheit einen heiligen Geist besitzt, ist jedes Vergehen, womit die Seele eines andern verletzt wird, für diese eine Lästerung.

Damit sind solche Versündigungen nicht automatisch vergeben. Sie benötigen eine Schulung dahin, bis man charakterfest in der Lage ist, solche Versündigungen nicht mehr zu begehen.

49

Was bedeutet denn diese
durch Christus bewirkte « Erlösung » ?

Vergegenwärtigen wir uns zu dieser Frage einmal die Situation und die Bindung, welche beispielweise für einen Menschen entsteht, wenn er sich einem verbrecherischen Kreis anschliesst und an dessen Tätigkeiten beteiligt. Er kommt dadurch unmittlbar in dessen Zwangsabhängigkeit. Er hat kaum mehr die Möglichkeit sich, ohne verhehrende Folgen für sein Leben, aus diesem Kreis zurückzuziehen. Er hat sich sozusagen unter den Willen dieses verbrecherischen Kreises und dessen Rädelsführer gestellt.

Er hat diesbezüglich seine Willensfreiheit verloren. Er ist im Klartext Eigentum dieses Kreises geworden. Eine Loslösung ist unter Umständen praktisch höchstens noch mit starker externer Hilfe, welche aber nicht auch in Verbrechen oder anderen Sündhaftigkeiten verstrickt ist, möglich.

Dies als Gleichnis zur entstandenen Gebundenheit aller mit ihrem Rädelsführer im biblisch erwähnten Engelssturz gefallen Wesen. Bis zu einer speziellen Erlösung befanden sich alle diese mitgefallenen Wesen unter der Alleinmacht, einem Vorherrscherrecht dieses, oder im weiteren Sinne, aller seiner Rädelsführer.

Wenn man sich dabei die « Kraft und Allmacht » Gottes vor Augen führt, dann kann man sich fragen, ob denn Gott diese im „Reich der Bosheit" herrschende Alleinmacht nicht jederzeit hätte brechen können? Sicher könnte er; aber da besteht noch eine unendlich grosse Eigenschaft Gottes im Vordergrund, nämlich seine:

unermessliche Gerechtigkeit, verbunden mit seiner
unendlichen Liebe zu allen Geschöpfen, und damit auch zu Satan.

Satan, der ehemals zweitherrlichste Fürst (Lichtträger) neben Christus, argumentiert vor Gott, dass man ihm zuerst beweisen müsse, dass er im Unrecht sei. Dies dadurch, dass ein Mensch trotz allen möglichen Angeboten, Anfechtungen, Einflüssen und Machtmöglichkeiten der Unterwelt aus eigener Kraft an den von Gott vorgegebenen geistigen Gesetzen festhalten, und damit Gott lückenlos treu bleiben könne.

**Dabei fühlte sich Satan so sicher,
dass dies nie geschehen könne.**

In seiner grossen Gerechtigkeit kam Gott dieser Argumentation entgegen. Damit wurden göttlicherseits aus langer Hand, zusammen mit Christus die Vorbereitungen zu einem solchen **„Erlösungvorgehen"** getroffen.

Zu diesem Erlösungsvorgehen musste ein Geistwesen für ein Wirken auf dieser Erde bereit sein, hierzu als Mensch geboren zu werden und dabei, wie alle anderen Menschen den irdschen Gesetzen zu unterstehen, dies mit gleichen menschlichen Empfindungen von Freuden, Leiden, Glück und Schmerzen..

**Die Bibel zeigt dies durch die
niedergeschriebenen Voraussagen der Propheten
über das Kommen eines Messias.**

Dass dies eine unermesslich schwere Aufgabe bedeutete, können wir uns heute kaum vorstellen.
Denn in diesen Zeiten verfügte Satan noch über alle seine Vorherrscherrechte über die Menschheit.

Satan und seine teuflischen Knechte vermochten fast uneingeschränkt Menschen, Tiere und Natur direkt selbst zu schädigen. Sie hatten fast komplett freie Hand als Geist in die Menschen zu „fahren", sie also besessen zu machen und auf diese Weise durch sie teuflisch zu wirken. Die Bibel zeugt davon in vielen Berichten.

1.Sam. 16,14 - 23; 18,10; 19,9;
1.Kö. 22,23; Ps. 106,37-38; Tob. 6,8;
Mat. 4,24; 8,16+28+33; 9,32; 12,22;
Mark.1,23+32; 5,2; 5,7; 5,15 - 18; 16,9;
Luk.4,33; 8,2+36; 11,14

Die vorchristliche Epoche war in dieser Hinsicht für die Menschen auf Erden eine böse, furchtbare Zeit. Unter anderem berichtet Johannes später in seinem 1. Brief   1. Joh. 3,8

«...Dazu ist der Sohn Gottes erschienen,
die Werke des Teufels zu zerstören.»

Satan musste schon seit Jesus irdischer Geburt, und in Kenntnis der durch die vorangegangenen Botschaften der Propheten erahnen, dass das Erscheinen des Messias für ihn nichts Gutes bedeuten würde. Deshalb musste Christus sicher seit seiner Geburt, im Auftrage Gottes, mit speziellem Schutz durch die Engelswelt behütet sein, dies sicher so lange, bis Christus in seiner irdischen Wirkungszeit (Lehrzeit) stand.

Die in den Evangelien beschriebenen Dämonen erkannten von sich aus Jesus als den Sohn Gottes, kannten seine göttliche Macht und hatten Angst, von ihm vernichtet zu werden. Einerseits werden sie als Ausserirdische diese Weitsicht gehabt haben und andererseits waren sie sicher seitens ihres Führers Satan so orientiert.

Satan wird seinen „ **Helfershelfern** „ in dieser für ihn heiklen Situation als „ Lügenboss „ keine motivierenden Aussagen über Christus gemacht haben. Im Gegenteil muss sein Einfluss auf seine „**Knechte**" so gewesen sein, dass diese angsterfüllt die Nähe zu Christus mieden. Ging es doch, was Satan seit den Propheten bekannt war, um die Möglichkeit der Erlösung, das heisst um die Abkehr vom bisherig **Bösen Tun** aller **Gefallenen** (der damaligen Knechte Satans) durch den erwarteten Messias.

Mat. 8,28-33; Mark. 1,24; 5,2 - 18;
Luk. 4,33 - 34; 8,26 - 36

Alle anlässlich des Engelsturzes

Luk. 10,18 und Off. 12,9; 20,2

mit Satan in die Unterwelt (Hölle) gebannten Geister waren dabei infolge der Satansgefolgschaft unter dessen Macht gebunden, ihm zur Knechtschaft zuhörig.

« Meinet nicht, dass ich gekommen sei,
Frieden auf die Erde zu bringen.
Ich bin nicht gekommen,
Frieden zu bringen, sondern das Schwert.»

Matthäus 10, Vers 34

Man muss dabei verstehen, dass es einen Unterschied gibt zwischen dem Frieden auf der Erde und dem Frieden des einzelnen Menschen.

Siehe hierzu die Erläuterungen auf Seite 59, in Abschnitt „g) "

Dies bedeutet eine bevorstehende Aufgabe, gemäss teuflischer Argumentation,

den Beweis zu führen, dass
einmal ein gottgläubiger Mensch

trotz aller erdenklichen List Satans, dessen grössten Besitzes-Angeboten, Anfechtungen und Versuchungen aller Art, und schlussendlich trotz von durch satanische Einflüsse verursachte grösst mögliche körperliche und seelische Peinigungen,

die Treue zu Gott und seinen
Gesetzgebungen nie aufgeben wird.

Durch diesen Sieg des Mensch gewordenen Christus über alle teuflischen Handlungs-, Aktiv- und Einfluss-Möglichkeiten wurde gemäss Satans eigener Argumentation sein Vorherrscherrecht über seinen höllischen Anhang, sowie all seiner mit ihm gefallenen Wesen und der Menschen gebrochen. *Siehe auch folgende Bibelaussagen: Römer 5,10 und 8,2 - 4; 1.Joh. 4,9 - 10 und 5,20; Mat. 18,11*

Das bedeutet, dass von nun an alle seinerzeit mit Satan gefallenen Wesen, welche dieses Abfalles von Gott reuig geworden sind, die Möglichkeit erhalten, den Weg zu Gott zurück zu finden.

Joh. 5,25

Satan wurde in dem nach dem Siege Christi stattgefundenen **Gericht** (Letztes Gericht) die bisherige Möglichkeit genommen, den Reuigen den Rückweg zu Gott zu verhindern. Für solche bedeutet dies damit die

Vergebung der Sünde des einstigen Abfalles von Gott.

Darüber heisst es in der Bibel der Katholischen Kirche
(«Einheitsübersetzung», Verlag katholisches Bibelwerk):

... gekreuzigt, gestorben, hinabgestiegen zur Hölle,
am dritten Tage auferstanden von den Toten,
aufgefahren in den Himmel ...

Diese Information ist wie viele wichtige Andere auch nicht mehr
vollständig direkt in der Bibel zu finden.

Mat. 12,40 und Luk. 24,46

Das apostolische Glaubensbekenntnis hält fest:
«..., dass Christus die Zeitspanne zwischen seinem Tod am Kreuz
und seiner Auferstehung in der Unterwelt **(Totenwelt)** verbrachte,
war seit frühester Zeit ein Gemeinplatz christlicher Lehre».

Literatur: Th.Schneider, „Was wir glauben", Kap. IV/1a

Christus orientierte seine Jünger hierüber gemäss Joh. 8,21:
« Wohin ich gehe, dahin könnt ihr nicht kommen! »

(Abstieg in die Hölle).

In der Hölle offenbarte sich Christus den dort „ Gefangenen „ und
verkündete Ihnen das Evangelium.

Joh. 5,25; 1. Petr. 3,19 und 4,6

Im christlichen Glaubensbekenntnis ist der
Abstieg Christi in das « Reich des Todes » ein
Zeichen der Hinüberführung aller Glaubenden
in die unergründliche Welt Gottes.

Literatur: Dr. theol. Dr. Phil. Manfred Görg,
Prof. für Alttestamentliche Theologie, München

Die beiden Aussagen aus Mat. 10,34 und 1.Joh. 3,8

Siehe Seiten 51 und 52

bedeuten, dass das vorgesehene Erlösungswerk Christi nicht ohne schweren Kampf Christi gegen Satan zu erreichen war.

Während der Lebenszeit Christi versuchte Satan Christus mit allen ihm möglichen Mitteln, mit Versuchungen verschiedenster Art zu überlisten.

Siehe Bibelevangelien

In der Leidenszeit *Christi* bot Satan, einerseits mit Hilfe der durch ihn gut beeinflussbaren Menschen (Pharisäer, römische Herrscher-Stadthalter und Judenvolk), die seinerzeit grausamste Todesqual auf, und andererseits, was für *Christus* noch viel schwerer war, die für die Menschen unsichtbare, geistige „ Abschwörungs- und Quälungs-kampagne „ Satans gegen *Christus* am Kreuz.

Nach diesem leidensvollen Gottestreuebeweis und Sieg Christi über den Satan sind Satans bisherige Vorherrscherrechte gebrochen. Eine neue Gesetzgebung konnte nun dem Satan auferlegt werden. Dass sich Satan dieser Aufgabe Christus, zu der Christus nun als Siegergeist in die Hölle hinuntergestiegen ist, mit allen Mitteln noch zu widersetzen versuchte, waren sich Gott und Christus zum Voraus bewusst.

In der Hölle hat also anschliessend nach dem menschlichen Tod von Christus ein Kampf der Geister zwischen Christus und Satan stattgefunden, bei dem Satan trotz seiner immensen Kräfte und seines teuflischen Anhanges gegen den mit göttlichen Kräften ausgestatteten Christus und seiner himmlischen Heerscharen unterlag.

Satan vermochte im Kampf in der Hölle gegen Christus wohl auch Tiere zu materialisieren und einzusetzen. Aber bei Christus waren auf Grund seiner unerschütterlichen, grossen Gottestreue die Möglichkeiten schöpferischer Gestaltung unbegrenzt, nicht aber bei Luzifer.

Dadurch wurde Luzifer bezwungen, und musste in der Angst, von göttlicher Seite aus vernichtet zu werden, einer neuen Gesetzgebung zustimmen. So auferlegte Christus dem besiegten Satan, noch bevor er die Hölle wieder verliess, (« Auferstehung von den Toten ») die neue Gesetzgebung, das « **Das Letzte Gericht** ».

Diese damit festgelegte neue Ordnung beinhaltet und bewirkt folgende immense Änderungen:

a) Bisher mussten die Menschen nach einem Erdenleben wieder in die höllischen Bereiche, woher sie gekommen waren, zurückkehren,.

Durch dieses neue Gesetz müssen die der Hölle entronnen nach einem Erdenleben nicht mehr in die Hölle zurückkehren, sondern werden entweder der Läuterung (verstanden als « Fegefeuer ») oder zur weiteren Aufwärtsentwicklung, den Vorstufen des Himmels zugeführt:

Befreiung aus der Knechtschaft Satans
zurück zur Kindschaft Gottes!

Diese Befreiung bedeutet im Weiteren:

b) Bisher konnte Satan nach Belieben Menschen besessen machen, ihnen Krankheit oder anderes Leid zufügen. Mat. 8,29

Nun sind sie nicht mehr seine Gefangenen, ausser wenn der Mensch durch sehr grosses Verschulden gegenüber andern Mitmenschen karmamässig (geistige Gesetzmässigkeit/siehe auch östliche Religionen) dessen Rachemöglichkeiten ausgesetzt ist.

Dem Satan wurde jedoch noch die Möglichkeit zugestanden, die Menschen geistig zu beeinflussen, sie in Versuchung zu führen.

Damit steht der Mensch einerseits stets unter göttlich-geistiger Führung zum Guten und andererseits unter Beeinflussung der satanischen Verführer zum Übel.

Der Mensch aber entscheidet auf Grund seines freien Willens stets selbst. Sein freier Wille darf nie geschmälert werden, auch nicht durch Satan.

Das Mass (Intensität) der verführerischen Beeinflussung durch Satan ist aber begrenzt; je nach Verdiensten steht der Mensch unter entsprechendem Schutz durch die gute Geisteswelt, unsere „Schutzengel".

c) Die « Toten », also die Bewohner des Totenreiches Luzifers, wussten vor der Erfüllung des Erlösungsauftrages durch Christus nichts mehr von dem, was einst (beim Abfall) geschehen war. Während und nach der Erlösung sahen sie die lichten Gestalten der mit Christus in die Hölle hinabziehenden Engel, realisierten deren hohe Fähigkeiten und göttlichen Kräfte.

Sie erfuhren auch die Möglichkeiten eines Aufstieges aus den leidvollen, höllischen Bereichen.

d) Satan hat nicht die Möglichkeit selbst Wesen auf diese irdische Ebene Erde in ein menschliches Leben zu bringen. Der gestürzte Lichtengel (Luzifer) hat zwar keine Fruchtbarkeit, keine schöpferische Kraft mehr. Er ist steril, er kann kein Leben mehr zeugen, aber er kann verführen. Mit List und Blendung versucht er an die Menschen heranzukommen und sie zu verführen. Widersteht ihm aber der Mensch und baut auf das Kräftefeld Christi, dann besitzt der Satan keine Macht über diesen Menschen. Aber gewaltig ist Satans Intelligenz noch!

e) Christus hat den Menschen während seines irdischen Auftrages viele göttliche Wahrheiten vermittelt; er hat sein Schicksal mit der Menschheit verbunden und hauptsächlich seine Jünger als zukünftige Künder belehrt.

Er hat ein gottgerechtes Leben in Hilfsbereitschaft, Gerechtigkeit, Barmherzigkeit, Demut, Liebe, und im Gegensatz zur jüdischen Verhaltensweise (Aug um Auge, Zahn um Zahn) Vergebung und Verzeihung bis zur letzten Konsequenz vorgelebt und gelehrt.

f) Da seine Jünger und die Menschen allgemein seine Belehrungen oft noch nicht voll verstehen konnten, hat er ihnen für die Zeit nach seinem Erdendasein die Sendung « Des Geistes der Wahrheit » vorausgekündet.

Joh. 16,12 - 13

g) Mit der Befreiung aus der unumschränkten Gewalt Satans hat Christus allen zu Gott zurücksehnenden Menschen den **« Inneren Frieden »** gebracht:
« Frieden gebe ich Euch ».

Joh. 14,27

„ Frieden „ , was alles kann damit verstanden sein?
Bei Jesu Geburt verkündeten die Engel
den Menschen auf Erden „Frieden".

Jesaja 26,12; 32,17; und 52,7

Luk. 2, 13 - 14

« Ehre sei Gott in den Höhen und auf Erden Friede den Menschen, die guten Willens sind »,

und Joh. 20, 19/21 und 26

« Friede sei mit Euch » (Christi' Worte bei seinem Wiedererscheinen nach seinem irdischen Tode).

Leider müssen wir feststellen, dass es auch nach der Auffahrt Christi auf unserer Erde ununterbrochen laufend Unfriede und Kriege gab, gibt und voraussehbar noch weiter geben wird.

Wie hat denn Christus seine Botschaft
« Friede sei mit Euch » verstanden?

Bei dieser Frage wird uns klar, dass es bei der Bezeichnung „Friede" um zwei verschiedene Bedeutungen geht, denn Christus hat mit diesen Worten nicht nur ein allein gewünschtes Anliegen verstanden.

Zum einen verstehen wir unter „Friede" das menschliche Zusammenleben ohne Unfriede und Kriege. **Zum andern** geht es um den für jeden Menschen eigenen, **„ inneren Frieden „** ,

den **„ Frieden der Seele „** .

Dass es dem **ersten Verständnis des Wortes „ Friede „** diesen in unserer Welt nicht gibt, ist nicht Gottes Schuld. Hierzu wissen wir, dass Gott den Menschen den freien Willen geschenkt hat.

Dieses von Gott selbst geschaffene Gesetz des freien Willens für den Menschen wird Gott selbst nicht verletzen.

Also ist es des Menschen eigene Schuld, wenn er selbst Unfriede pflegt und Kriege verursacht.

11. Der Geist der Wahrheit und die Bibel

Christus lehrte während den vierzig Tagen nach seiner Auferstehung bis zu seiner Himmelfahrt:

«... und ich werde den Vater bitten, und er wird euch einen andern Beistand geben, damit er in *Ewigkeit* bei euch sei, den Geist der Wahrheit, den die „Welt" nicht empfangen kann, weil sie ihn nicht sieht und nicht erkennt.»

Joh. 14,16 - 17

Das bedeutet doch, dass mit der hier genannten „Welt" die mehrheitlich nur irdisch denkende und handelnde Menscheit genannt wird. Diese ist nicht in der Lage göttliche, geistige Wahrheiten zu verstehen und kommende « Geister der Wahrheit » zu erkennen. Damit existieren für diese „Welt" « Geister der Wahrheit » nicht und wird deshalb als solches stets in Abrede stellen..

Im Weiteren lesen wir:
« Es kommt der Geist der Wahrheit,
der wird euch in alles Nähere einweihen. »

Joh. 14,26 und 15,26

Hierzu orientiert Christus darüber auch.

Diese Ankündigungen Christi bezeugen die Tatsache himmlischer Direktkontakte von « Geistern der Wahrheit » zu Menschen guten Willens. Diese sollen den Menschen helfen, die göttlichen Wahrheiten, den göttlichen Willen und das „ Wie und Warum „ der Menscheit und der Schöpfung zu verstehen.

gemäss Joh. 16,7 und 13

Die damaligen Menschen konnten vieles, was ihnen Christus erklärte noch nicht voll verstehen.

Deshalb sagte er auch gemäss:

> « **Noch vieles habe ich euch zu sagen, aber ihr könnt es jetzt nicht tragen. Wenn aber jener kommt, der Geist der Wahrheit, wird er euch in die ganze Wahrheit leiten ...**»
> *Joh. 16,12 -13*

In all diesen Vorankündigungen Christi wird nicht von einem „Heiligen Geist", verstanden als rein geistige Kraft, sondern von geistig, göttlichen Wesen orientiert.

Entsprechend der im Kapitel 5. Seite 24, im Beispiel „Militärdienst" erfahrenen Haltung der „christlichen Pfarrer" negiert die Kirche das Vorhandensein von diesen geistig, göttlichen Wesen und legt den biblischen Ausdruck „heiliger Geist" als eine lediglich unpersöhnliche Kraft Gottes aus.

Damit werden die oben aufgeführten Ankündigungen Christi betreffend Sendung des

> « **Geistes der Wahrheit** »
> **von der Kirche irreführend interpretiert.**

Diese Falschauslegung stammt aus der frühesten Zeit der römischen Kirche, zu der die damaligen Kirchenmächtigen solche medialen Kontakte von Jüngern Christi zum Geist der Wahrheit nicht duldeten und mit Gewalt (zum Beispiel der Inquisition) und Verfälschung der biblischen Aussagen unterdrückten.

Die Bibel aber empfiehlt den belehrenden Kontakt zu den **«Geistern der Wahrheit»**, und so lesen wir zum Beispiel:

> « So sollt auch ihr, da ihr euch eifrig
> **um Götter bemüht**, darnach trachten, dass ihr zur
> Erbauung der Gemeinde reich (geistig reich) werdet.»
>
> *1. Kor. 14,12*

oder

> « Samuel, als ein in den Augen Einsichtiger,
> **wird auch nach seinem irdischen Tode befragt.»**
>
> *J.S. (Sir.) 46,19 - 20*

Über Weissagungen durch Propheten und göttlich inspirierte Seher, schon zur vorchristlichen Zeit, meldet uns die Bibel in sehr vielen Beispielen.

> *Hierzu seien zum Beispiel die Texte erwähnt in*
> *Jes. 30,10; 42,1f.; Jer. 28,9; und Joel 2,28 - 29*

Alle diese Berichte handeln zum Teil von geistig inspirierten, göttlichen Weisungen oder aus der himmlischen Welt von Geistern Gottes durch Menschen als Mittler durchgegebenen Weisungen oder Botschaften.

Für solche, sogenannt medialen Kontakte, wählt sich die höhere geistige Welt nach göttlichen Weisungen vorbildlich lebende Menschen aus. Sie bieten Gewähr dafür, dass Weisungsinhalte und Botschaften richtig verstanden und unverfälscht, wahrheitsgetreu an ihr menschliches Umfeld weitergegeben werden.

Grösste Vorbilder sind dabei die im speziellen Auftrage Gottes auf diese Erde gekommenen Propheten, wie zum Beispiel:

>**Abraham** (um 2251 v.Chr.), Obadia (um 2130 v.Chr.),
>**Moses** (um 1284 v.Chr.),
>Deborah (um 1125 v.Chr.), Samuel (um 1020 v.Chr.),
>Nathan, **Salomo** (um 965 v.Chr.), **Elia** (um 856 v.Chr.),
>Elisa (um 850 v.Chr.), Micha (um 744 v.Chr.),
>**Jesaja** (um 735 v.Chr., Habakuk, **Jeremia** (um 629 v.Chr.),
>Ezechiel/Hesekiel (um 593 v.Chr.)
>und **Johannes der Täufer** (zur Zeit Christi).

Und die Lobpreisungen der Väter der Vorzeit in

J.S. (Sir.), Kap. 44 - 50.

Siehe hierzu auch das Bild des «Siebenarmigen Leuchters» bei Seite 44 - 45

Die biblischen Zeugnisse zeigen hier verschiedene Möglichkeiten für die Vermittlung göttlicher Botschaften an die Menschen.

Zum einen sind es, wie beispielsweise bei den Propheten, göttliche Inspirationen, gepaart mit dem von ihnen selbst mit in das menschliche Leben mitgebrachtem höherem Wissen.

Zum Andern kann es auch eine an einen höheren göttlichen Geist kurzzeitige, körperliche Zurverfügung-Stellung sein. Dabei geht der zur Verfügung stellende Mensch in eine Art „Ruhestellung", sodass der höhere Geist durch den Körper des Menschen selbst mündlich seine Belehrungen, Botschaften und Weisungen durchgeben kann.

Speziell im Alten Testament sind viele Beispiele aufgeführt über solche göttliche Durchgaben.

Die Bibel, meist im Alten Testament, zeugt aber auch von medialen Kontakten der Menschen, oft durch falsche Propheten oder heidnische Tempelpriester zu unreinen, nicht göttlich gesinnten Geistern.

In derart als **Orakel** (Weissagungs - Sprechstätte) bezeichneten „Geistesbeschwörungen" praktizierten die Menschen den Erhalt von Wahrsagungen (Voraussagungen) und Informationen zur Erreichung rein materieller und menschlich-egoistischer Ziele.

Bekannt sind uns auch die Praktiken von Geisterverbindungen bei den heutigen Naturvölkern.

Beispiele: *5. Mose 11,27 - 28 + 30 (Orakel-Terebinthe); 1. Kön. 22,22 -*
23;

Neh. 6,12; Jer. 5,30 - 31; 14,14; 23,14; 23,25 - 32;
Ez. 13,9 f.; 21,34; Am. 2,4; Eph. 5,12

Eine der bedeutesten Kultstätte der Antike, in der die Orakelpriesterin Pythia zur Prophetie angeregt wurde, befand sich im griechischen, dem Apollo geweihten Apollontempel zu Delphi. Diese Apollonkultstätte diente mit Hilfe von Orakeln im heidnischen Kult auch zu wichtigen politischen Entscheidungen.

Weltliche Herrscher, ganz ausgeprägt Gewaltherrscher, wie z.B. die altpersischen, heidnischen Könige (z.B. Darius), ägyptischen Pharaonen, römische Imperatoren wie Cäsar/Nero, russische Zaren, der deutsche Diktator Hitler bedienten sich der Orakel und holten sich dort Rat, Anweisungen oder Weissagungen.

Auf diese Weise haben sie zum Teil momentane Machterfolge erreicht. Solche Erfolge standen aber nicht im Segen Gottes, denn die Geister der Orakel gehören zu den « **Geistig Toten** »,

Siehe Erklärung auf Seite 32

haben nur eine sehr begrenzte, unvollständige Sicht über kommende Entwicklungen und raten als göttlich Unwissende oft irreführend.

Deshalb warnt die Bibel:

**« Du sollst die Toten nicht befragen,
denn sie wissen nichts! »**   *Pred. 9,5;*

**« Die Toten preisen den Herrn nicht,
keiner von allen »**   *Ps. 115,17;*

**« Ihr sollt euch nicht an die Totengeister
und an die Wahrsagegeister wenden,
ihr sollt sie nicht befragen und
euch so an ihnen verunreinigen »,**   *3. Mose 19,31;*

**« Ein Greuel ist es dem Herrn,
der die Weissage-Geister befragt
oder sich an die Toten wendet! »**   *5. Mose 18,9 - 12*

Die meisten Christen verstehen die Bezeichnungen **«Die Toten »** der Bibel falsch. Sie verstehen darunter die auf der Erde Verstorbenen. Mit der biblischen Bezeichnung **« Die Toten »** sind hingegen einerseits die noch am seinerzeitigen **« Abfall von Gott »** festhaltenden Geister und alle darüber noch nicht reuigen Wesen, und damit nicht von der **« Sünde des Abfalles »** (Todsünde) erlösten Wesen zu verstehen.

Wir müssen also klar unterscheiden zwischen dem
« Geist der Wahrheit », dem göttlich beauftragten Botschafter, Ratgeber und Helfer, den Christus für die Menschen guten Willens angekündigt hat, und den nicht nach Gott strebenden, noch irrenden Geistwesen, eben den **« geistig Toten »**.

Mit der von der Kirche vertretenen Falschauslegung des Gebotes « die Toten nicht zu befragen » unterbindet die Kirche den von Christus ermöglichten Empfang des « Geistes der Wahrheit » und öffnet damit Tür und Tor für viele Irrlehren und Unglauben.

Die Jünger Jesu pflegten nach der Auferstehung Christi diesen Kontakt zum « Geist der Wahrheit ».

Beispiele Neues Testament: Mark. 12,36; 13,11; Luk. 1,35; 2,26; 12,12; Joh, 14,26;
Apg. 1,16; 13,2; 15,28; 20,23; 20,28; Heb. 3,7; 9,8; 10,15 - 16

Leider hat die dann entstandene „ römische Kirche „ zusammen mit den mit ihr vebundenen weltlichen Machthabern diese Kontakte mit allen erdenklichen Mitteln bekämpft und mit Hilfe der oben erwähnten Falschauslegung verboten. Die Leiden der christlichen Märtyrer und die Inquisition sind die verbrecherischen Folgen dieser so gottfeindlichen Kirchenpraktiken.

Die menschliche Entwicklung, zum Teil mit den Auswirkungen von Reformation und der Freiheit des Denkens haben den Weg zum Empfang des « Geistes der Wahrheit », für den wahrhaft suchenden Menschen, wieder möglich gemacht. Die damit mit himmlischer Hilfe mögliche Erkennung von Religionsirrtümern und Information über seinerzeit verloren gegangene Wahrheiten ist gemäss der Ankündigung Christi vorhanden.

12. Das « Vaterunser »

ein tiefsinniges Gebet,
eine vielseitige Quelle
von Glaubenswahrheiten,
ein Schlüssel zum
Verständnis der Bibel.

Unser Vater
der Du bist im Himmel
Dein Name
sei uns heilig
Dein Reich
komme zu uns
Dein Wille
geschehe auf Erden
wie im Himmel!

Gib uns heute unser täglich Brot,
vergib uns unsere Schulden
wie auch wir vergeben
unsern Schuldnern,
führe uns in der Versuchung
und erlöse uns von dem Übel,
denn
Dein ist das Reich
die Kraft und die Herrlichkeit
in Ewigkeit!
Amen

Prolog (Vorwort):
Zum «Vaterunser» allgemein

.

Es ist das Gebet, welches Christus seine Jünger beten lehrte und dieses für die zukünftige Christenheit bestimmte. So viele Menschen beten es. Aber leider gibt es viele, welche dieses Gebet nur bruchstückweise oder fast gar nicht richtig verstehen; dieses lediglich gut auswendig gelernt, oft nur rein mechanisch, ohne entsprechende Gedanken und ohne besinnliche Andacht vor sich hin sprechen.
Und so viele Völker beten nur ein Lippengebet.

In diesem wunderbaren Gebet ist alles enthalten, was der Gläubige dem Vater zu sagen hat. Darin wird auch gesagt, was zu tun und zu lassen ist.

Für den denkenden Menschen enthält dieses Gebet in seinem speziellen Wortlaut die wichtigsten Glaubens - Grundwahrheiten des Christentums. Darin haben sich viele Wahrheiten, welche in den rund 2000 Jahren seit Christi öffentlichem Auftreten verwischt wurden oder sich verfälscht haben, in ihrem ursprünglichen Sinn erhalten.

Gott hat dem Menschen die wertvolle Gabe des vernunftmässigen Denkens verliehen. So ist der ernsthaft gläubige Mensch in der Lage religiöse Aussagen, welche sich in den vergangenen 2000 Jahren zu unglaubwürdigen Glaubensinhalten geändert haben, zu erkennen und zu den entsprechenden ursprünglichen Wahrheiten zurückzufinden.

Siehe auch in Epilog, ab Seite 79
Deshalb kennt dieses wunderbare, uns von Christus geschenkte Gebet, das von der Christenheit gesprochen wird, an hohem Wert und Inhalt nicht seinesgleichen.

Auch darf dabei keiner meinen, es genüge, ein paar «Vaterunser» zu beten, dann bekomme man alles von Gott, was man sich wünscht. So leicht wird es dem Menschen nicht gemacht.

Hat ein Mensch aber einmal den richtigen Weg gefunden, um von der Engelswelt, beziehungsweise Geisteswelt und damit von Gott erhört zu werden, so bedeutet dies für ihn eine unsägliche Stütze, etwas Wunderbares.

Es ist Pflicht und Aufgabe des Christenmenschen,
im Gebet mit Gott verbunden zu sein.
Durch das Gebet bekommt er Kraft für sein Leben.
Und es eröffnet dem denkenden Christen
wichtigste Glaubensinhalte.

Zum Gebet gehört aber auch die Tat,
das heisst, das bessere Leben;
soll das Gebet wirklich den Weg zu Gott finden.

**Was für ein Versprechen liegt darin,
wenn man dieses Gebet spricht ? :**

Man lobpreist Gott; man glaubt an einen Himmel;
Sein Wille soll auf Erden geschehen;
man anerkennt Gott;
man verspricht andern die Schulden zu vergeben;
man glaubt an das andere Reich.
Tut der sogenannte Christ dies alles wirklich?

Betrachten wir einmal die einzelnen Teile dieses, unseres Gebetes und befassen uns dabei eingehender mit dessen Inhalten und tiefsinnigen Aussagen:

Zum ersten Wortteil: «Unser Vater ...»

Wir sprechen vom Vater. Das verheisst uns doch, dass wir Kinder Gottes, nicht wie im Alten Testament Knechte Gottes, sind; dass wir alle denselben Vater haben, also alle Brüder und Schwestern sind.

Damit sind auch diejenigen unsere Brüder und Schwestern die uns vielleicht unangenehm sind oder die wir gar als „abstossend" empfinden, sei es nun ein Bettler, ein in Fetzen gekleideter, ein missgebildeter oder schwachsinniger (z.B. geistig abnormal) geborener Mensch.

Die ersten Christen versammelten sich, arm und reich, und jeder war des andern Bruder und Schwester. Auch der ungerecht handelnde oder der uns feindlich gesinnte ist uns Bruder und Schwester.

Damit sind wir verpflichtet, bereit zu sein, jedem sinnvoll zu helfen, unabhängig seines momentanen Entwicklungsstandes.

Siehe hierzu:
«... ihr alle seid Söhne des Höchsten»

auch Psalm 82,6

«... ihr habt nicht den Geist der Knechtschaft empfangen ...
ihr habt den Geist der Kindschaft
empfangen, der Euch rufen lässt: Vater! »

und Römer 8,15

Auch Christus nennt Gott seinen Vater (siehe Neues Testament). Christus ist also auch ein Geschöpf Gottes (Sohn Gottes) und wurde geschaffen lange bevor er in Vereinbarung mit Gott-Vater für die Erlösungsaufgabe als Mensch auf unsere Erde hineingeboren wurde.

Zum zweiten Wortteil:
Unser Vater « im Himmel ...»
(... der Du bist im Himmel ...)

Christus, der uns dieses Gebet gegeben hat bezeichnet damit den Ort wo Gott-Vater thront, - den Himmel.

Den Himmel können wir Menschen jedoch nicht sehen. Wir sind, als ein irdisch-menschliches Wesen, lediglich mit den für diese materielle Welt notwendigen biologischen Sinnen geschaffen und ausgerüstet, und nicht in der Lage, einen ausserirdischen Ort, ein Ort des geistigen Lebens von Gott, Christus, den Erzengeln und den Engelscharen biologisch erfassen zu können.

Zu uns sagte Christus:
« Da wo ich hingehe, sollt auch ihr hinkommen. »

Leider wollen viele Menschen, selbst solche welche beten:
«... der Du bist im Himmel », nicht verstehen und begreifen, dass es eine für uns unsichtbare Welt gibt.
Sie sagen aber auch nicht:
„ Unser Vater der Du bist auf Erden „.

Vom Himmel aus trat Christus, Gottes Sohn in dieses menschliche Dasein. Und nach Erfüllung seines Erlösungsauftrages ist Christus wieder in diesen Himmel zurückgekehrt.
Siehe hierzu «Christi-Himmelfahrt» im Neuen Testament und
Joh. 7,33; 13,1- 3; 14,2 - 4; 16,5 - 7

Zum dritten Wortteil: « Dein Name sei uns heilig ».

Geheiligt ist sein Wille, Heilig sind seine Gesetze.

Einer Sache, welche einem heilig ist, begegnet man nicht in gleichgültiger oder halbherzig-oberflächlichen Art und Weise. Mit diesem Wortteil erkennen wir wie mächtig und gerecht, wie liebevoll und gnadenreich der himmlische Vater wirkt.

Zum vierten Wortteil: « Dein Reich komme zu uns ...»

Wie kommt das Reich zu uns ? Wenn wir in Demut und Bescheidenheit richtig beten, ständig uns in Geduld und Gerechtigkeit üben, Erniedrigungen zu ertragen vermögen, dann sind unsere Gedanken bei Gott, in seinem Reich, und sein Reich mit seiner spendenden Kraft bei uns.

Aus diesem Reiche bekommen wir ständig den Beistand für unser Leben. Wir bitten auch darum.
Es ist die Engelswelt, die Geisteswelt Gottes die im Auftrage Gottes und im Namen von Christus hier ihren Beistands-Auftrag erfüllt.

Diese Bitte heisst doch, dass man es gewinnen muss, dass dieser Beistand zu den Menschen kommen kann.

Viele Menschen denken aber bei dieser Bitte: „Dein Reich komme zu **mir**." Es bedeutet aber: «Dein Reich komme zu **jedem** ».
Es bedeutet auch: Die volle Harmonie, die der Himmel besitzt, soll zu allen Menschen kommen, soll jeden Menschen umgeben können.

Dies erfordert ein Leben der Nächstenliebe
Ist « Nächstenliebe » nur noch ein abgedroschenes Wort ?

Es muss ein Streben nach dem höheren Sinn des Lebens sein. Es soll das Reich des Friedens und der Seligkeit auch auf die Erde kommen.

Das ist dort möglich, wo der Mensch in Gerechtigkeit, Liebe und Barmherzigkeit, die Harmonie in und um sich schafft, und in diesem Sinne ein Gott gefälliges Leben führt.
Der einzelne Mensch sollte auch in seinem Herzen, in seiner Seele Träger des Reiches Gottes sein, dies gemäss Lukas 17.21:

„ Das Reich Gottes ist inwendig. „

Zum fünften Wortteil: « Dein Wille geschehe ...»

Viel Hilfe, Trost, Hoffnung und Zuversicht kann Gott demjenigen Menschen spenden, welcher erfasst hat, dass nicht sein, sondern der Wille Gottes heilig ist und dass der Mensch nach Gottes heiligem Willen forschen muss. Zuviel ist das Denken des Menschen überschattet von allem Irdischen, vom Glanz dieser Erde. So muss man nach Erkenntnis des göttlichen Willens ringen, entsprechend unserem Gebet: « Dein Wille ...»

Wenn der Mensch betet:
« Dein Wille geschehe auf Erden wie im Himmel », so gibt er doch zu, dass es ein Himmelreich gibt, wo Geschöpfe Gottes zusammenleben, und dass bei ihnen auch der Wille des Vaters zum Ausdruck kommt. Dass es also noch eine andere, bedeutungsvolle Welt gibt ausser der des Menschen.

Der Mensch wird hier auf das andere Leben in der Geisteswelt und dessen Einflussmöglichkeit auf die Menschen aufmerksam gemacht.

Der Mensch soll (darf) nicht meinen, dass er 2000 Jahre nach Christi Geburt die Vollkommenheit erreicht hätte. Wir erleben täglich, was der Mensch auf Grund seines freien Willens stets für Unheil anrichtet auf dieser Erde.

Deshalb hat dieses Gebet nicht im Geringsten an Bedeutung verloren, obschon viele Christen dieses Gebet so oberflächlich, ohne Erkenntnisse, noch Willen zu tieferem Verständnis der darin enthaltenen Wahrheiten aussprechen.

Gottes Wille ist es, dass das *Gute* getan und das **Böse** überwunden wird. Diesem Willen unterstehen alle Menschen, auch die Nichtchristen.

Der Wille Gottes kann wohl am Menschen geschehen.. Der Mensch aber muss erkennen, dass er sich an die Ordnung und die Gesetze Gottes halten muss; und er muss erkennen, dass noch etwas anderes da ist, das seinen Willen durchsetzen möchte. Gott hat dafür allen Menschen den freien Willen, also die Möglichkeit geschenkt, selbst zu entscheiden, ob sie **Gott zugehörig sein wollen** oder dem **Andern** ...

Mit der Bitte « Dein Wille Geschehe ...» legst Du Deinen alleinigen, menschlichen Willen zurück, stellst Dich innerlich auf den Willen Gottes ein und versuchst danach zu denken und zu handeln; dies auch dann, wenn eine harte Lebensprüfung an Dich herankommt, wenn es Dir wesentlich schwerer fällt, als wenn Du in ichsüchtigem Verhalten dieser Prüfung ausweichst und nach dem Einfluss des **Andern** dem menschlich-weltlich angenehmeren Weg folgst.

Zum sechsten Wortteil:
« Gib uns (heute) unser tägliches Brot ...»

Dazu gehört wohl alles, was der Mensch zu seinem Lebensunterhalt braucht: das Gedeihen der Natur, Brot, Haus, Gesundheit, Behütung vor Unglück.

Es heisst aber: „ Gib uns, nicht gib mir ...“

Mit dieser Bitte wendet sich der Mensch nicht auf die auf Erden lebenden Menschen, sondern an Gott. Er wendet sich also über das Irdische hinaus, hin zum Geistigen.

Wenn Du dabei auch einen gewissen Wohlstand zusammenlegen kannst, und dieser Wohlstand Dir nicht zum Schaden gereicht, diese, sagen wir verliehenen „ Talente „ zum Guten verwendest, so wird Gott Dir Kraft geben, dass dies Dir erhalten bleibt.

Zum siebten Wortteil:

« Vergib uns* unsere Schulden, wie auch wir vergeben unsern Schuldnern ...»
*Alle Menschen sind darin eingeschlossen, nicht nur ich.

Das heisst doch: Wenn wir nicht bereit sind unsern Schuldnern zu vergeben, so sind uns vor Gott unsere Schulden auch nicht vergeben, womit wir dereinst beim Sterben schuldbeladen diese irdische Welt verlassen.

Wenn wir uns etwas Unrechtes, irgend eine Sünde aufgeladen haben, diese aber vor Gott echt bereuen und wo immer möglich auch wieder gut zu machen versuchen, dann wird Gott Dich von dieser Last befreien.

Aber auch Du musst Deinem Nächsten verzeihen. Hier kommt doch die Notwendigkeit der Nächstenliebe voll zum Ausdruck.

Das bedeutet doch, dass die Erlösung Christi nicht den Sinn hat, dass wir beim irdischen Tode quasi automatisch von derartigen Schulden befreit sind !

Die Erlösung Christi besteht darin, dass Christus trotz allen denkbar möglichen Anfechtungen mit seiner Gottestreue und Standhaftigkeit den grössten Verführer, nämlich Satan, besiegte und dessen bisherige, uneingeschränkte Machtbefugnissse über die Menschheit derart einschränkte, dass der Pfad zur Höherentwicklung näher, und der Weg zurück zu Gott, für die Menschheit frei geworden ist.

« Niedergefahren zur Hölle (zum Gericht) und am dritten Tage auferstanden.»

Wenn der Mensch überall vergeben, verzeihen kann, vollzieht sich bei ihm eine geistige Busse und reinigt seine Seele.

Zum achten Wortteil:
« Führe uns in der Versuchung ...»

Gott selbst führt die Menschen nicht in Versuchung! Es sind die tiefen Mächte, die uns in Versuchung führen. Dies ist ein Restrecht, das dem Satan anlässlich des Gerichtes durch Christus noch gelassen wurde. So bitten wir Gott, er möge uns führen solchen Versuchungen der tieferen Mächte zu widerstehen.

Wir stehen immer unter dem Einfluss zweier gegensätzlichen Welten, auf der einen Seite den Kräften der niederen Geisteswelt und andererseits den Eingebungen der guten Geisteswelt (Engelswelt).

Die Entscheidungen liegen auf Grund des uns von Gott geschenkten freien Willens stets bei uns selbst.

Wenn wir aber beten: « Führe uns nicht in Versuchung », dann müssen wir dies so verstehen, dass wir Gott bitten, uns vor solchen Versuchungen zu beschützen.

Zum neunten Wortteil:
« Und erlöse uns von allem Übel (Bösen) ...»

Das heisst doch nichts anderes, als dass Gottes Engelwesen die « Belzebuben », die niederen Kräfte , und alle, welche uns zum Bösen verleiten wollen, von uns fernhalten mögen.
Das Übel sind eben all jene niederen Kräfte, welche uns, gegen die Gesetze Gottes zu handeln, zu verleiten versuchen.

Epilog:

(Nachwort) zum « Vaterunser »

Wie im Prolog angeführt, enthält das « Vaterunser » in den einzelnen Wortteilen wichtigste Glaubenswahrheiten des Christentums, welche in den einzelnen Erklärungen angezeigt sind.

Gleichzeitig erschliessen sich daraus zwingend noch weitere bedeutungsvolle Erkenntnisse.

Solche offenbaren sich uns im tieferen Sinn zwischen den Zeilen des « Vaterunsers » als zusätzliche Glaubenswahrheiten.

Sie sind wie Offenbarungen zu verstehen.

Erste Offenbarung: **Des Menschen Geist einst ein reines Geschöpf Gottes.**

♦ Im **siebten Wortteil**, Seite 76 - 77 beten wir um Vergebung unserer Schulden. Dies weil wir unvollkommene Menschen stets straucheln oder sündigen und daraus entsprechende Schulden tragen.

♦ Wir wissen aber, dass Gott als höchste, vollkommene Wesenheit in seiner allumfassenden, nie endenden, nie erschöpfenden Liebe bei allen durch ihn geschaffenen Wesen, nie sündhafte Menschen, sondern ursprünglich nur reine Wesen geschaffen hat. Jegliche gegenteilig lautende Aussage wäre grösster Widerspruch.

♦ Gemäss **erstem Wortteil**, Seite 71 und gemäss Bibel sind wir Kinder Gottes.

♦ Auch wissen wir, dass Gott uns nach seinem Eben-
bilde, das heisst mit dem Geschenk eines freien Willens
geschaffen hat. Er hat uns also mittels dem freien Willen
die Möglichkeit gegeben, sich seinen heiligen Gesetzen
zu widersetzen und gegenteiligen Zielen zu folgen.

♦ Nachdem wir Menschen alles andere als reine, sünd-
freie Geschöpfe sind, muss einst der Fall eingetreten
sein, dass wir die uns vorgegebenen, göttlichen Gesetze
aufs Gröbste verletzt haben und damit grosse Sünde,
Unreinheit und dem daraus entstandenen Unglück verfallen sind. Dieser Fall darf aber sicher nicht mit der
Fabel eines verbotenen « **Apfelessens** » **in einem
Erdenparadies** abgetan werden! Mit diesem Fall (als
Engelssturz bezeichnet) haben wir uns vielerlei Fehlverhalten verschiedenster Art angeeignet, welche zu
unseren heutigen, fest in uns verankerten, schlechten
Charaktereigenschaften geführt haben und nur unter
grössten Anstrengungen über lange Zeiträume hinweg
wieder abgelegt werden können.

♦ Gemäss dem **zweiten Wortteil**, Seite 72 wissen wir,
dass Gott im Himmel thront und Christus nach dem
Erlösungswerk zurück in den Himmel aufgefahren ist.

♦ Im weiteren berichtet uns die Bibel mannigfach von
der Engelswelt im Himmel, in welchem diese gemäss
den vorgegebenen göttlichen Gesetzen treu zu Gott und
Christus lebt und wirkt. Damit sind die Engel ebenfalls
als Kinder Gottes zu uns Geschwister.

♦ Es muss also so sein, dass die Menschen vor ihrem göttlichen Ungehorsam auch zu dieser guten Geisteswelt gehört haben und heute dessen nicht mehr würdig sind.

♦ Die Bemühungen Gottes, Christus, der ganzen himmlischen Geisteswelt und unserem jetzigen irdischen Dasein geht offenbar dahin, uns im Laufe der Zeiten innerlich, charakterlich wieder dahin zu schulen, zu entwickeln, dass wir einst wieder würdig sein werden, in diesen Himmeln zu leben und zu wirken.

Deshalb sagte uns Christus auch:
« Da wo ich hingehe, sollt auch ihr hinkommen. »
Siehe Joh. 14,2-4

Aus all diesen Zusammenhängen resultieren wertvolle Erkenntnisse zu folgenden Glaubenswahrheiten:

♦ Wir sind Kinder Gottes, Geschöpfe Gottes.

♦ Gottes Heimat ist der Himmel; Christus, als Sohn Gottes hat dieselbe Heimat, nämlich den Himmel. Der Himmel ist auch die Heimat einer unendlich grossen Engelswelt, das heisst der Geisteswelt;

♦ der Himmel ist für uns, als einst noch reine Wesen Gottes auch unsere wahre, ursprüngliche Heimat;

♦ durch göttlichen Ungehorsam haben wir leider einmal diese himmlische Kindschaft und Heimat verloren und sind zu Knechten des Verführers geworden;

♦ durch Christi Erlösungswerk wurde der Menschheit die Rückkehr-Möglichkeit geschaffen;

♦ die hierzu notwendige seelische Reinheit, Charakterstärke, Beständigkeit und Würde wieder zu erlangen geht nur über lange, harte seelische Arbeit und Schulung, wie sie zum Teil gegeben ist über ein menschliches Dasein.

Zweite Offenbarung: Der Mensch heute ein aus schlimmster Knechtschaft befreites Geschöpf Gottes.

♦ Die vorangegangenen Erkenntnisse bedeuten, dass die Anzahl der Gott untreu gewordenen Wesen für unser Verständnis unendlich gross sein muss.
Allein schon die uns bis heute bekannte Grösse der bisherigen Menschheit ist enorm gross.

♦ Zu all den von Gott abgefallenen Wesen gehören aber nebst der Menschheit all die Unseligen der satanischen Bereiche. Es sind dies jene, welche dem Führer dieser höllischen Bereiche und ihrem stets bösem Tun und Wirken noch völlig verfallen sind.

♦ Gott muss einst dem durch gesetzeswidriges Tun geprägten Ungehorsam im Himmel mit unermesslicher Geduld, in einer für uns kurzlebigen Menschen unermesslich langen Zeit, zugeschaut haben, dass die so sündhaft Gewordenen so zahlreich geworden sind.

♦ Dies war von Gott aus offenbar wie eine Prüfung **aller** Geschöpfe Gottes, so weit bis sich die Gesetzesverletzenden von den Gesetzestreuen eindeutig herauskristallisiert hatten.

♦ Dann schritt Gott ein. Die Gesetzeswidrigen wurden aus den Himmeln gestürzt   Lukas 10,18
und in eine für sie von Gott in Voraussicht geschaffene, eigene Welt **(Hölle)** gebannt.

♦ Die den Geschöpfen Gottes geschenkte göttliche Wirkungs- und Schöpfungskraft mit der damit verbundenen Glückseligkeit ist verknüpft mit der Einhaltung der vorgegebenen geistigen Gesetze Gottes. Die Nichteinhaltung beim Engelssturz muss den Verlust dieser göttlichen Kräfte bewirkt haben.

♦ Die Gestürzten (nun die «geistig Toten») verloren auch ihre Rückerinnerungen an ihre Zeit im Himmel
Siehe auch Pred. 9,5: «...die Toten wissen gar nichts!»
Sie sind in ihrem Geiste tot.

♦ Nach diesem geistigen Fall ist bei vielen der Betroffenen, die nun unter der Schreckensherrschaft ihres Führers in grosser Not ihr Dasein fristeten, eine grenzenlose Verzweiflung eingetreten und Reue kam auf.

♦ Durch ihre Gefolgschaft zum Satan sind sie derart in dessen Knechtschaft gefallen, dass sie sich aus eigener Kraft nicht mehr daraus zu befreien vermochten.
Sie waren sein Eigentum geworden.

♦ Gottes unendliche Gerechtigkeit geht so weit, dass er diesem obersten „Rädelsführer", das ihm durch den Verkauf der eigenen Seelen aller dieser Gefallenen (eine Funktion des eigenen freien Willens) erstandenem Recht, zu deren Knechtschafts-Besitz, nicht abspricht. Dies auch unter dem Argument des „Bösen", dass man ihm zuerst beweisen müsse, dass es etwas besseres und stärkeres gibt als das Böse. Gott in seiner Gerechtigkeit lässt selbst ein solches Argument gelten.

♦ In ihrer unermesslichen Liebe haben Gott und
Christus einen Weg erwogen, eine Rückkehr der Gefal-
lenen aus diesen höllischen Bereichen zu ermöglichen.
Dies kann aber, wie vorgangs festgestellt, auf Grund der
unerschöpflichen Gerechtigkeit Gottes, nur durch eine
Beweisführung geschehen, dass bei einem Menschen die
Treue zu Gott stärker sein kann als alle Gegenmittel die
der «Böse» dagegen aufzubringen vermag.

♦ So war die Geburt des Messias geschehen:
Siehe Bibel: Ps. 19,15; 78,35; 111,9;
Jes.41,14; 43,14; 44,6; 49,7; 49,26; 54,8; 59,20; 63,16;
Jer. 50,34; Mi.5,1- 3; Luk. 1,68; 2,38; Luk 21,28;
Joh. 1,41; 4,25; Röm. 3,24; 11,26; 1. Kor. 1,30

♦ Wie das Neue Testament vielfältig berichtet, hat
Christus das geplante Erlösungswerk und den oben
erwähnten Beweis selbst erbracht.

♦ Anschliessend ist Christus in die Hölle gefahren,
hat Satan unter ein neues Gesetz gestellt.

♦ Nun kann Satan den Reuigen, die den Weg zu Gott
zurück suchen, nicht mehr verwehren; kann nicht mehr
unumschränkt über seine bisherigen „Knechte" und
dessen freien Willen verfügen, beziehungsweise schalten
und walten.

♦ Was ihm gemäss dem neuen Gesetz (Letztes Gericht)
geblieben ist, ist die Möglichkeit der Versuchung, also
der geistigen Beeinflussung.

♦ **Die Erlösung ist also die Befreiung von der Sünde des einstigen Abfalles von Gott, das heisst eine Versöhnung mit Gott.**

♦ Die aber noch verbliebene seelische Verderbtheit, Sündhaftigkeit muss jedoch jedes einzeln Befreite selbst abtragen, und dies stets mittels der eigenen Entscheidung, welcher Stimme er mehr Gehör schenken wird.

♦ Für solche, meist nicht leichte „Lehrpfade" hat Gott auch diese Erde (irdische Ebene) geschaffen.

Vorderhand abschliessend:

Die Studie zeigt, wie sich uns aus der Vielseitigkeit und Tiefsinnigkeit dieses Gebetes, das uns Christus gebracht hat, in logischer Abhängigkeit, so viele grundlegende Glaubenswahrheiten offenbaren. Wenn man mit den hier gewonnenen Erkenntnissen Schritt für Schritt die Bibel konsultiert und unvoreingenommen von konfessionellen Bibelauslegungen, Dogmen und den über die seit der Zeit der Evangelisten entstandenen Fehlübersetzungen oder eigenwilligen Änderungen, sorgfältig überdenkt, gewinnt der Mensch weitere wertvolle, geistig bereichernde Erkenntnisse. Die Frage nach Sinn, Zweck und Ziel unseres menschlichen Lebens und der Schöpfung der Welt und unserer irdischen Ebene „Erde" wird für uns bald nicht mehr nur **Geheimniss,** nur **„Buch mit sieben Siegeln" sein.**

Die Geheimnistheorien unserer konfessionellen Kirchen kommen nicht von Gott; hat doch Christus vor seinem Weggang (Auffahrt) versprochen, er werde uns «den Geist der Wahrheit» senden.

Siehe Joh. 14,15 - 17; 15,26; 16,13

Auswirkungen aus den gewonnenen Erkenntnissen:

Zum Abschluss des 1.Buchteiles und der daraus gewonnenen Erkenntnissen darf man nochmals auf dessen Eingangsfrage zurückkommen: **„ Wer (und warum) ist der Mensch? „**

Demjenigen, der sich religiös unvoreingenommen mit den Themen auseinandergesetzt hat, wird nun speziell bewusst, dass viele sogenannte Christen sich keine grossen Gedanken machen über die dargelegten Wahrheiten.

Die meisten Christen kennen diese **Wahrheiten** nicht, oder **nur bruchstückweise** und **teilweise irreführend** verfälscht. Vielen fehlt damit oft für ihr jetziges Dasein eine klare Vorstellung eines über ihr jetziges Leben hinausführendes persönliches Ziel.

Auswirkungen infolge „Kenntnis" oder „Unkenntniss" solcher Wahrheiten sind verschiedenartig:

A. Extrem nachteilig wirkt sich dies für Menschen aus, welche denken :
« Nach ihrem jetzigen Leben ist alles aus! »

Sie können daher kein Ziel haben, können nur für den Augenblick leben. Ihr Streben kann daher nur sein, sich stets um maximal menschlichen Wohlstand mit äusseren „Glückserlebnissen" zu bemühen, schwierigen Lebenssituationen aus dem Wege zu gehen, -- zu entfliehen.

Die vielen Selbstmordfälle (und Drogenkonsum) sind auch eine traurige Bilanz dieser falschen Vorstellungen.

Ausweichen aus schwierigen Lebenssituationen, z.B.
durch Suizid, kann gemäss Kenntnis der angeführten
Wahrheiten nur Enttäuschung und Verschlechterung der
Situation bringen. Das Ablegen des menschlichen
Körpers befreit die weiterlebende Seele nicht von ver-
zweifelt, schmerzlicher Leidenssituation. Im Gegenteil,
vom Körper gelöst liegt das Leiden offener und wird
verstärkt gelitten. Zusätzlich kommt noch das Problem,
dass man sich wegen des eigens zerstörten menschlichen
Lebens der Möglichkeit beraubt hat, das bestandene
Problem mit irdischen Bestrebungen zu lösen.

Die Lage ist schlimmer. Das ursächliche Problem muss
auf schwierigere, länger dauernde Weise gelöst, erfüllt
werden. Denn alle Unvollkommenheiten, Ungereimt-
heiten und verbliebenen Falschhandlungen müssen
bereinigt, abgebaut und gerecht richtig gestellt werden.

B. Menschen, welche sich wenig oder gar nicht um den
tieferen Sinn des Lebens interessieren, werden sich zum
Teil auch nicht genauer um Unterscheidung von Gut und
Böse bemühen. Es gibt viele Möglichkeiten im Leben,
in denen man im Interesse des geringeren Widerstandes
den nicht so „lupenreinen Wegen" folgen kann.

Falsche Geschäftspraktiken (z.B. auch sogenannte Kava-
liersdelikte), Unehrlichkeiten, Lügen (auch Vortäuschung falscher Tatsachen), persönlicher Ehrgeiz,
Streben nach weltlichen Anerkennungen, politischen
Eigeninteressen, Machtstreben, Neid, Hass u.s.w. sind
zahlreiche Möglichkeiten falscher Lebenshaltungen.

Mit solchen verursacht der Mensch schleichend, laufend eigenen seelischen Schaden, den er beim Ableben mitnimmt; was dementsprechend seine ihm möglichen geistig-seelischen Gewinne wenig bis stark verhindert.

„ Die entsprechende „Schulklasse" muss mit gleichen Lebensaufgaben und Themen wiederholt werden! „

Das notwendige Ziel, die seelische Läuterung und eine in jeder Beziehung charakterfeste, den Lebensvorbildern von Christus entsprechende Lebenshaltung gegenüber Mitmenschen und Umwelt zu erreichen, ringt dem Menschen grosse, oft stark aufopfernde Aufgaben und Prüfungen ab.

In jedem Menschen steckt dazu schon ein guter Kern. Doch, wie man einem Kind oft wiederholt die gleichen Hinweise zu korrektem Verhalten erklären muss, bis es diese befolgt, so ist es auch beim erwachsenen Menschen wenn es um die göttlichen Gesetze geht.

Solche immer wieder neu notwendige Hinweise bieten die sich jährlich wiederholenden, hauptsächlichsten christlichen Feiertage, wie **Weihnachten, Ostern, Pfingsten und Auffahrt**. Diese geben immer wieder, jährlich Gelegenheit und Anstoss zum Überdenken der entsprechenden Geschehnisse, dessen Hintergründen und Wahrheitsinhalten. Sie fordern uns immer wieder auf zu entsprechenden Lebensbesinnungen.
Aber die Bedeutung dieser Tage sind bei vielen sogenannten Christen überlagert durch andere, rein

weltliche Feiertagsinhalte. **Weihnachten**, als das Geburtstagsfest Christi ist so stark überschattet von Weihnachtsgeschäft und äusseren Festinhalten, wie kulinarischem Aufwand, Licht- und Glitzerfestparties, was alles Vielerorts zum alleinigen Festselbstzweck geworden ist.

Über den Kern der Weihnacht, die Geburt Christi mit der Botschaft einer von Gott und Christus geplanten Erlösung der Menschheit, wird in der Hauptsache meist nur rein irdisch-geschichtlich erinnert.

Über den tieferen Sinn der Botschaft: Warum diese Erlösung geschah, wie diese vollbracht und was alles für Auswirkungen daraus erfolgten und weiter möglich werden, wird nicht nachgedacht und nicht erläutert.

Und was macht der „Christenmensch" mit dem **Osterfest und den Pfingsten**? Für viele sind dies lediglich grössere Ausflugs- oder Reisegelegenheiten.

Den Kindern wird Ostern als Osterhasen-Bescheerung (ein ursprünglich heidnischer Brauch) vorgelebt. Wenn dabei in wenigen Fällen an Christi Opfertod gedacht wird, so oft auch nur kurz und oberflächlich, als rein irdisch-geschichtliche Begebenheit. Was es aber mit Christi Opfertod und der damit zusammenhängenden Erlösung für weitreichende Bewandtnisse hat, wird nicht, oder in theologisch verfälschten Sinne gedacht. Diese christlichen Feiertage sind ein wertvoller Bestandteil der christlichen Lehre.

Und die christliche Lehre ist tatsächlich eine Lehre.

Man kann sich diese nicht nur dadurch aneignen indem man irgendwo einige sogenannte religiöse Brocken aufnimmt. So wie jede Lehre einen Anfang, eine Grundbasis hat, hat auch die christliche Lehre einen Anfang. Man kann die christliche Lehre nicht gleich begreifen und verstehen, wenn man sich lediglich einmal mit Einzelheiten mitten aus dieser Lehre befasst. Zur notwendigen Kenntnis des „Anfangs" der christlichen Lehre gehören vor allem: **Gottesglaube und Glaube an die unsichtbare (himmlische) Welt.**

Je mehr man sich mit Einzelheiten der christlichen Lehre befasst, je mehr schafft man sich ein je länger, je klarerers Bild hierzu, ähnlich einem Gemälde, das sich wachsend aus vielen Mosaiksteinchen zusammensetzt.

Die Lehre Christi und die Gebote Gottes sind für jedermann, der sein gesundes Denken, seine Vernunft, seinen Verstand gebraucht, einfach verständlich. Es braucht dazu keine umschweifende, komplizierte, von sogenannten Geheimnissen umwitterte, theologisch-wissenschaftliche Abhandlungen.
Christus predigte in der einfachen Volkssprache.

Dem Christen fehlen die ihm zugehörigen Kenntnisse.
Deshalb sind so viele Christen schwach im Glauben.
Sie nennen sich wohl Christen, aber ihr Glaube gründet nicht auf innerer Überzeugung und innerer Kraft. So vermögen sie nicht als wirkliche Christen zu leben.

Der Mensch steht in einer Mitte ...

Es steht ihm frei, sich zu wenden wohin er will. Von ihm hängt es ab, ob er nach dem Reiche Gottes streben, und sich nach dessen Willen ausrichten will, oder ob er sich dem Willen des Andern unterwirft, der die Welt beherrscht und das Böse wirkt.

« Doch was nützt es dem Menschen, wenn er die ganze Welt für sich gewinnt, aber an seiner Seele Schaden nimmt ? »

Was nützt es ihm, wenn er den ganzen «Reichtum» der Erde an sich rafft, aber geistig gesehen arm ist; weil er nicht weiss, was Liebe, Güte, Barmherzigkeit, Ehrlichkeit, Gerechtigkeit, was Dienst am andern ist ?

C. Der Mensch, der diese Wahrheiten kennt, wird eine ganz andere Lebenshaltung anstreben als der Nicht-wissende. Sein momentan irdischer **Besitz ist ihm Leihgabe** und die ihm begegnenden **Lebensprobleme sind ihm Aufgaben** zur christlich positiven Lösung.

Er weiss, dass das von Christus gepredigte Gebot der Nächstenliebe die einzige Lösung aller menschlichen und weltlichen Probleme ist.

Der die grossen, geistigen Wahrheiten kennende Mensch ist aber damit noch nicht vollkommen.

Zu jeder Art von Fähigkeit, die ein Mensch anstrebt, braucht es stets mindestens drei Schritte:

1. Die Erkennung, wo die wichtigen Informationen zu einer von ihm gewünschten guten Entwicklung zu finden sind;

2. Die Aneignung des dazu erreichbaren Wissens;

3. Die praktische Übung zur richtigen Anwendung dieser Kenntnisse, soweit, bis dieses Wissen mit dem zugehörigen Beherrschen der entsprechend richtigen Anwendung zur fehlerfreien, möglichen Leistung gereift ist.

So stellen die hier erläuterten Wahrheiten für den Menschen erst den ersten notwendigen Schritt auf dem Wege zurück zu Gott dar.

Das bedenke, sei aber nicht entmutigt ob der langen, nicht leichten Aufgabe!

In Deinem Bestreben wirst Du, wenn auch nicht unmittelbar direkt erkennbar, stets göttliche Hilfe und Unterstützung haben.

**So werden uns diese
Erkenntnisse zur Eingangsfrage:**

„Wer (und Warum) ist der Mensch"
zu einer positiven Entwicklung leiten.

Leider lernen wir Menschen meist nur in
Richtung eines „Besseren", wenn wir die
negativen Erfahrungen aus unserem falschen
Tun an uns selbst erfahren.
Unsere irdische Erde ist ein von Gott hierzu
geschaffenes Umfeld, in welchem sich
dies erfüllt.
Gleichzeitig bietet dieses uns die Gelegenheit
unsere geistig-seelische Reinheit durch
Gottestreue, und dies trotz Zulassung von
negativen Versuchungen, zu beweisen
und zu festigen.

*Dies sei das Thema im folgenden
zweiten Teils des Buches.*

Inhalt

     Bibelhinweise sind mit den üblichen
     Bibelbuch-Abkürzungen aufgeführt.

Zum Thema „*Wahrheit*" ein Gedicht,
das die mediale Frau **Hella Zahrada**, Berlin 1933
vom jenseitigen Dichter „**Ephides**" erhalten durfte:

Und willst du Wahrheit nur und nichts als Wahrheit haben,
dann suchst du sie, und läg' sie tief begraben,
und wüchse über ihr dein schönster Traum
so rosig, wie ein Kirschblütenbaum,
dann hast du Kraft, auch diesen Baum zu fällen
und seinen Duft zu missen und den hellen,
den Rosenschimmer, der dir Labsal war !
Und böte dir die Erde nichts als Steine dar,
denn auch in ihr ist Wahrheit nicht zu finden,
so hast du doch gesiegt, denn Überwinden
und Leid und Glauben haben dich erweckt !
Du hast die Wahrheit in dir selbst entdeckt !

----

2. Teil

Was (und Warum) ist diese Welt ?

98

Was (und Warum) ist diese Welt ?   Seiten :

Vorwort

Nachdem wir uns im ersten Teil des Buches eingehend mit der Frage

„Wer und Warum ist der Mensch ?"

befasst haben, drängen sich weitere Fragen auf zum Thema:

„Was (und Warum) ist diese Welt ?".

Zu dessen Beleuchtung wird es notwendig, sich über unsere
Weltprobleme vorerst einmal einen Gesammtüberblick zu erarbeiten.
Vielleicht finden wir darin eine Chance zu einer verständlichen
Antwort und damit zu einem Weg eines Beitrages zu einer besseren
Welt.
Es betrifft die schon im Bucheingang aufgeführten Probleme, wie:

- Sinn der weltgeschichtlichen Geschehnisse
- Grundübel unserer Menschheit und deren Ursachen
- Sind weltliche Katastrophen Eingriffe Gottes in den
  Lebenswandel der Menschen, verbunden mit der Frage:
  „Warum lässt Gott dies alles zu?"
- Der Besitzanspruch des göttlichen Widersachers
  über die irdische Welt.

Dieser zweite Teil ergänzt die im ersten Buchteil geschilderten
Erkenntnisse, informiert über deren Wahrheitsquelle und führt zu
einem vertieft, erweiterten Wissen.
Auf biblische Stellen, geistige Gesetze und weltgeschichtliche
Geschehnisse wird hingewiesen;
siehe auch im Anhang am Schluss des Buches.

Damit wollen wir über Lichtpunkte und Nöte unserer Welt, differenziert nachdenken.

Wir stützen uns auf das Wissen, dass alle Geschehen nur innerhalb der von Gott geschaffenen Gesetze möglich sind, so wie die Bibel (1.Mose) festhält :

»Gott erschuf die Erde in „sechs" Tagen«.

Dies mit der zusätzlichen Aussage :

»Für Gott sind Tausend Jahre wie ein Tag«, 2.Pe 3,8.

Dem ernsthaft interessierten Leser bietet sich damit, unabhängig seiner konfessionellen Zugehörigkeit, die Möglichkeit zum regelmässigen Kontakt zur Wahrheitsquelle, zur Erweiterung seines Lebensverständnisses und damit dem Weg zu einer Gott gefälligen Lebensführung.

Themen, auf die im 1.Buchteil schon eingehend eingegangen werden konnte, sind zur Leserhilfe hier mit der Seitenangabe vermerkt.

----

1. Einführung

Warum das Leid und das Böse?

Diese uralte Frage stellt sich immer wieder neu: Katastrophen und
Kriege, Trauer und Tränen, Kummer und Schmerzen, Elend und Not,
Verzweiflung und Enttäuschungen. Die Frage nach dem Bösen will
nicht verstummen. Jeder ist betroffen – auch Christen. Leid und
Schmerzen gehören zu den grundlegenden Erfahrungen des Lebens.

Die Frage nach Gott im Leid dieser Welt schreit zum Himmel.

Überall ist zu hören:

„Wie kann Gott das nur zulassen ?"
„Wo ist Gott in all dem Leid ?"
„Das soll ein Gott der Liebe sein ?"
„Sind wir mit unserem Leid allein gelassen ?"
„Was ist Sinn und wozu das Leid ?"
„Einen Gott, der Leid und Böses zulässt, kann es nicht geben. "

Aber niemand wird ernstlich der Frage nach dem Ursprung des Bösen
nachzugehen vermögen, ohne – vielleicht mit Erschrecken –
bemerken zu müssen, dass der Keim des Bösen offensichtlich in
jedem einzelnen Menschen steckt.

Insoweit wir aber über Leid und Schmerz empfinden können, müssen
wir anerkennen, was der Mensch im Laufe seiner Inkarnationen aus
der Welt gemacht hat, und was er verbessern muss.

Wer von der quälenden **„Warum-Frage"** zur befreienden
„Wozu-Frage" aufbricht, der betritt neue Wege.
Hierzu könnte dieses Buch Hinweise geben.

----

2. Lesetechnische Empfehlungen und Hinweise

♦ Hinweise auf im **1.Buchteil** schon näher erklärte Themen sind vermerkt, zum Beispiel mit (siehe) „sh. Seiten xx-xx".

♦ Im **Anhang I** sind unter „G" wesentliche **„Geistige Gesetze"** aufgeführt. Beispiel: Die Klammerangabe **G 47** weist auf die Laufende Nummerierung im **Anhang I** hin und dort besteht gleichzeitig ein Verweis auf die Textseite im Buch.

♦ Der **Anhang II** umfasst einen Auszug der **Weltgeschichtlichen Chronologie,** auf den zum Teil in diesem Buch, bei den jeweiligen Abschnitten, hingewiesen wird.

♦ Fettgeschriebene Jahresdaten weisen auf aufgelistete Geschenisse im **Kapitel 11, Anhang II,** z.B. Tsunami im Jahre **2004.** Diese Daten entsprechen in der Hauptsache den neuesten Erkenntnissen der Wissenschaft, den Informationen aus den Lexika, zum Teil der biblischen Schriften, und Aufsätzen des **Kulturmagazins „MUSEION 2000"** des ABZ-Verlages Zürich.

♦ Bibelhinweise sind mit den üblichen Bibelbuch-Abkürzungen aufgeführt.
Liste der Bibelstellen - Quellen siehe Seiten   209 - 218

----

3. Die Entwicklung unserer Erde

Darüber beschäftigen wir uns auch mit den für uns Menschen katastrophalen Geschehnissen auf unserer Erde. Wir können dabei diese Geschehnisse aufteilen in solche, welche wir Menschen selbst verursachen und solche, die durch weltliche Naturentwicklungen ausgelöst werden, zum Beispiel die bekannte Sintflut (um **8500** vor Christi, siehe Seite 199).

Geschehnisse, die der Mensch selber verursacht, entstehen durch Fehlverhalten, Achtungslosigkeit und Ingnoranz gegenüber der göttlichen Schöpfung.

Dazu gehören neben kriegerischen Auseinandersetzungen, falschen Fehlverhalten, der Raubbau an der Natur (Tier- und Pflanzenwelt) und Gesundheit schädigendes Leben (Abschnitt 5.5, Seiten133-134).

Bei Katastrophen hingegen, die durch Erd- und Naturentwicklungen hervorgerufen werden, fragt sich der Mensch über deren Zusammenhänge mit dem göttlichen Willen. Gott als der Schöpfer dieser Welt ist ja selbst auch der Begründer aller Entwicklungsgesetze, also auch derjenigen unserer Erde und Natur.

Die Uebersicht aller Weltgeschehnisse liegt.bei Gott. Mit einer Auflistung solcher Katastrophen können wir uns erst dessen voll bewusst werden. **Anhang II**, Seiten 197-207 zeigt eine Liste unter dem Titel:

„Weltgeschichtliche Chronologie", aufgeteilt in folgende
vier Erdepochen :

Innerhalb der verschiedenen Themen soll unter Hinweis auf die chronologischen Jahresangabe zu den einzelnen unter 3.1.) bis 3.3.) und 3.5.) erwähnten Erdepochen noch speziell eingegangen werden.

Vorerst aber zum Abschnitt:

3.4) Die „Erlösung" durch Christus.

Was versteht die allgemeine Christenheit unter der „Erlösung"?
An Weihnachten feiert sie die Geburt Jesus, des „Erlösers Christus".
Über den näheren Inhalt und die tiefe Bedeutung dieser „Erlösung" lehrt die offizielle Kirche lediglich, dass die Menschen von all ihren Sünden freigesprochen und entlastet würden. Zum Teil wird gelehrt, dass diese allgemeine Sündenvergebung an einem „jüngsten Tag", anlässlich einer Auferstehung aller „Toten" geschehen werde.

Wichtige, durch Christi Leben der Menschheit hinterlassene, gut vernehmlich und sichtbare Wegweiser, als Richtungssteller, werden übertönt durch Interessen für weltliche Geschäfte und Vergnügungen. Solche Wegweiser beinhalten insbesondere die Botschaften mit :

♦ der Geburt Christi,
♦ seinem Leben und Wirken.
♦ die Zeit seines Kreuzestodes,
♦ seine Auferstehung,
♦ dem Pfingstfest.

Die entsprechenden, stets jährlich sich wiederholenden, „christlichen Feiertage" werden gröstenteils ausgenützt für weltlich-vergnügliche Tage, Darbietungen und Sportveranstaltungen.

Die tiefen Bedeutungen dieser christlichen Feiertagen werden kaum wahrgenommen, oder sind gar durch falsche Auslegungen unver-ständlich geworden.

So verstummen die grossen Botschaften dieser Feiertage, welches sind :

♦ dass uns durch die Geburt Christi der Himmel näher gekommen ist,
♦ die wunderbare göttliche Lehre Christi,
♦ die wahre und tiefe Bedeutung des Kreuzestodes Christi, wodurch der Mensch aus der Knechtschaft des Bösen zur Kindschaft Gottes zurückkehren kann.
Viele Christen betrachten dies gar als eine reine Legende.
♦ die Auferstehung Christi als ein Zeugnis für das ewige Leben der Menschenseele.

Das Pfingstfest, ein Wegweiser zur Quelle der Wahrheit, für Botschaften durch den von Christus versprochenen „Geist der Wahrheit", wird im heutigen Christentum lediglich als alttestamentliches, einmaliges Geschehnis erklärt.
Das Versprechen Christi gilt heute noch.
Über eine mediale Empfänglichkeit eines hierzu gottesfürchtigen und ethisch vorbildlich lebenden Menschen dürfen wir belehrende und offenbarende Botschaften der göttlichen Welt erhalten.

Siehe zum Beispiel unter : **www.probeatrice.ch** .

Man hört wohl die Botschaften der christlichen Feiertage, beschäftigt sich aber nicht damit. Der wahre Gehalt wird nicht erforscht, so wie dies auf anderen wissenschaftlichen Gebieten minitiös angestrebt wird. Aus den Botschaften der christlichen Feiertage zu lernen und sie zu beachten ist ein Teil des Lernprozesses des Menschen.

Die Kirche sagt der Menschheit nicht, warum wir sündhafte Menschen sind und einer „Erlösung" bedürfen. Sie kennt auch die göttlichen Gesetzgebungen nicht, auch nicht, wie die „Erlösung „ stattfinden muss, und mit welchen Geschehnissen sie sich in der geistig überirdischen Welt abgespielt hat.

Der gläubige Mensch weiss, dass wir von Gott ins Leben gerufene Geschöpfe sind. Innerhalb dieses Wissen muss er sich aber auch über die Frage Rechenschaft verschaffen :Hat der allmächtige, weise und unfehlbare, grosse Schöpfer Gott fehlerhafte oder gar sündhafte Wesen geschaffen ?

-- **Das kann doch nicht möglich sein !** --

„Gott hat nur reine, sündenfreie, edle Geschöpfe geschaffen !" **G11**

Aber er hat keine Roboter geschaffen, sondern Geschöpfe mit eigenem freien Willen und Denkfähigkeit (nach seinem Bilde):

1.Mose 1,27; 9,6; Kol. 3,10 und Jak. 3,9

Das bedeutet doch, dass die reinen Geschöpfe nach eigenem Willen die göttlichen Gesetze beachten oder gegen diese handeln können. Handeln sie aber gegen die göttlichen Gesetze, so verlieren sie damit die von Gott verliehenen, edlen Fähigkeiten, die seelische Reinheit. Göttliche Fähigkeiten basieren auf göttlichen Gesetzen und können nur erreicht und erhalten bleiben bei deren Befolgung und Erfüllung.

Dort liegt der Schlüssel der Sündhaftigkeit des Menschen. Die Nichtbeachtung der göttlichen Gesetze bedeutet eine Trennung von Gott (siehe auch Seiten 37-40).
Wir wissen über die Existenz der Engel. Sie sind nach unserem Verständnis reine Geschöpfe Gottes, welche nach den von Gott vorgegebenen Gesetzen leben und wirken.
Wir wissen, dass die Engel sich ausserhalb unserer irdischen Welt, im Himmel befinden, wo auch Gott, Christus und die Erzengel wohnen, das heisst in der jenseitigen, nicht materiellen Welt.
Da wir aber ursprünglich reine, nicht von Gott getrennte Wesen waren, war die Himmlische Welt auch unsere Heimat.

Siehe auch die Zeugnisse von Zitaten ausserordentlich begabter, bekannter Talente, angeführt im 1.Buchteil, Seite 25.

Wir wissen aber auch über die Existenz des Teufels (Luzifer) und der Hölle. Auch Luzifer war einst ein reiner Engel; er war ein Erzengel. Durch seine Versündigung gegen Gott wurde er aus dem Himmel in die Hölle gestürzt. Damit geschah auch der Fall all jener Engel, die zu diesem Satan hielten, oder unter seinem Einfluss gegenüber den göttlichen Gesetzen eine laue, unentschiedene Stellung einnahmen (siehe auch Seiten 29-31).

Über den Sturz des grossen Drachen (Luzifer) mit seinen Engeln in die Hölle berichtet die Bibel in der Apokalypse des Johannes *(Offenbarung Johannes) im Kapitel 12, Verse 7 bis 10.*

Indem wir sündhaft geworden sind und uns offenbar von dem einst hohen Erzengel Luzifer beeinflussen liessen, oder ihn gar unterstützten, hatten wir unser Bestimmungsrecht und unsere Willensfreiheit an ihn verloren, sind gebundenes Eigentum seines Wirkungskreises geworden.

Das Bestimmungsrecht Satans brechen zu können ist nur möglich, wenn Gottestreue stärker ist als alle Einflüsse und Handlungsmöglichkeiten Satans; wenn also der Mensch den Beweis erbringen kann, dass er trotz allen Kräften und Handlungsfähigkeiten Satans charakterfest und Gott gegenüber durch ein sündenfreies, und vorbildliches Leben die Treue hält.

Für die Erfüllung einer derart schweren Aufgabe hat sich Christus, Gottes eingeborener Sohn und gesalbter König, selbst zur Verfügung gestellt. Dazu musste er auf unsere Erde, als der Mensch Jesus, allen andern Menschen gleich, geboren werden.

Am Ende dieser Aufgabe erlebte er eine Zeit von für uns schwer vorzustellenden, grausamsten Leiden und grenzenlosester Demütigungen. Es waren nicht nur Leiden körperlich, menschlicher Natur. Satan versuchte alles in seiner Macht stehende, Jesus gegen Gott untreu werden zu lassen.

Satan, obwohl von Gott gestürzt, als der einst neben Christus zweithöchste Geist, besitzt immer noch ungeahnte geistige Kräfte. So erlebte Christus, seitens Satans, von Geist zu Geist, unsichtbar für die bei der Kreuzigung anwesenden, unsagbar grosses Leid, wie sie noch keinem andern Menschen widerfahren sind.

Gott in seiner grossen Gerechtigkeit ist auf Grund der Argumentation Satans nicht dagegen eingeschritten. Satan argumentierte, dass es nie einen Menschen geben könne, der gegen seine Einflussmöglichkeiten, Gott lückenlos treu bleiben würde.

Christus hat den Gegenbeweis erbracht und damit das umfassende Bestimmungsrecht Satans gegen seine mit Ihm gefallenen, einstigen Engel gebrochen.

Das ist das Geschehen der Erlösung.

Das bedeutet aber nicht, dass uns damit alle unsere sündhaften Taten und Haltungen vergeben sind. Erlöst sind wir von der Sünde des Abfalles von Gott, und damit befreit aus dem Bestimmungsrecht Satans **G 50**.
Siehe hierzu auch die Ausführungen auf Seiten 46-56.

Für den seelischen Entwicklungsprozess, um wieder rein zu werden vor sündigem Tun, und durch ein christliches Leben Gott wieder wohlgefällig werden zu können, ist diese unsere materielle Welt, die Erde, als Schule und Prüfung geschaffen worden.

---

4. Sinnsuche zu Geschehnissen der Weltgeschichte

4.1 Gibt es einen allmächtigen, weisen Schöpfer ?

„Warum diese alltäglich zu erlebenden, vielen
verschiedenschichtigen Uebel
in allen Teilen unserer Welt ?"   (siehe Kapitel 5 bis 7)

Der Mensch bemüht sich um Antworten und Erkenntnisse zu grund-sätzlichen Fragen. Einerseits sucht er nach Verständnis über Ursache und Entstehungsgesetzen des Weltalls und unserer Erde. Andererseits fragt er sich nach den Ursachen allen Uebels und Schicksalsschlägen und damit auch nach der grundsätzlichen Frage :

„Gibt es einen allmächtigen, weisen Schöpfer
dieser Welt und des Menschen ?"

Wissenschaft und Religionen sind bis in unsere Neuzeit hinein auf getrennten Wegen diesen Fragen nachgegangen. **Die Wissenschaft**, beflügelt durch die Neugier des Menschen, versuchte stets mittels Erforschung von menschlich erfassbaren, physikalischen und che-mischen Gesetzen der Materie Antworten und Erklärungen darüber zu finden.

Viele Menschen lehnen heute die Religion ab, da sie nicht um die Existenz Gottes und der geistigen Welt wissen. Es liegt in der ur-sprünglichen Natur von Menschen, obgleich sie geistige Tatsachen heftig zu leugnen vermögen – alles akzeptieren und glauben, was weltlich-wissenschaftlich sogenannt „beweisbar" ist.

Die Religionen ihrerseits stützen sich auf die Schriften der von Gott gesandten Propheten, den Aposteln und Jüngern Christi.
Für die Christen entstand als Sammlung solcher Schriften die Bibel.

Dem gläubigen Menschen bietet die Bibel viele Antworten auf diese Frage. Er vertraut dem Schöpfer, dass die von den Menschen nicht selbst verursachten Schicksalsschläge und Nöte einen tiefen Sinn zur Förderung der geistig-positiven Entwicklung des Menschen haben. Mit Hilfe der biblischen Aussagen versucht man diesen Sinn zu entschlüsseln, was leider allein mit entsprechendem Bibelstudium nur sehr schwer ist.

Dies auch zur Hauptsache deshalb, weil, wie im 1.Buchteil auf Seiten 14-20 aufgezeigt, die biblischen Schriften des Alten Testamentes seit dem 10. Jahrhundert vor Christus und diejenigen des Neuen Testamentes seit den ersten Jahrhunderten nach Christus zum Teil durch Interpretationsunterschiede und zum andern Teil eigenwillig, durch weltliche Religionsvertreter teilweise gekürzt, ergänzt oder geändert wurden. So ist die Bibel nicht die Wahrheit selber, sondern ein Lehrbuch zur Wahrheit. Die Auslegung und der Grad der Wahrheit ist stets dem jeweiligen Zeitalter angepasst worden.
Dadurch sind viele geistige Wahrheiten, göttliche Belehrungen und geistiges Wissen gefälscht oder verloren gegangen.
Siehe hierzu auch die Ausführungen im nächsten Abschnitt 4.2 .
Von den weltlichen Kirchengewaltigen sind dabei dogmatische Kirchengesetze und eigene menschliche Glaubensbestimmungen erstellt worden.

Bei einer Sinnsuche muss auch die Frage des Grundes für das Dasein der Menschheit und dessen **„Woher und Wohin"** mit einbezogen werden. Auch über diese Frage gibt uns leider die Bibel nur unvollständig, notdürftig und zum Teil auch sinnverfälscht Auskunft.

Verloren gegangen sind vor allem die Lehren über das Weiterleben nach dem irdischen Tode, einer im Plane seiner noch anhaftenden fehlerhaften Veranlagungen und Verhaltensweisen angestrebten **Wiedergutmachung,** mittels körperlicher Wiedergeburt, bis zur geistigen Reinheit. Dies entsprechend der in der Jenseitswelt herrschenden göttlichen Ordnung und geistigen Gesetze
(Siehe **G 44** und **G 47** im **Anhang I** und die Seiten 40-43).

Andererseits wissen wir aus dem Neuen Testament, dass die Jünger Jesu von seinen Lehren, vor allem deren Gleichnissen, zu seiner Zeit vieles nicht verstanden haben. Christus musste deshalb, wenn er mit ihnen allein war, versuchen, ihnen solches speziell zu erklären *(Beispiel in Luk. 8,9).*

Ein Grund dafür war auch der Umstand, dass die Jünger von dazumal kein Wissen besassen über den Grund der Schöpfung, den göttlichen Heilsplan und den Erlösungsauftrag Christi; ein Wissen das sie sich nicht von einem Tag zum andern aneignen konnten.

Auch waren die Jünger Jesu ganz einfache, nicht speziell geschulte Menschen. Das von Christus angekündigte Reich verstanden sie anfänglich als ein Königreich auf Erden. Auf Grund dieser Verständnisprobleme seiner Jünger und auch, wie Christus voraussah, von später hinzukommenden Christen, versprach er eine von ihm beauftragte kommende „spirituelle Nachhilfe" für die Zeiten nach seiner Auffahrt in die Himmlische Welt :

♦ *» Ich werde Euch .... den Geist der Wahrheit geben und Euch nicht verwaist zurücklassen «.*   *Joh. 14,15-18.*

♦ *» Noch vieles habe ich Euch zu sagen, aber ihr könnt es jetzt nicht tragen. Wenn aber jener kommt, der Geist der Wahrheit, wird er Euch in die ganze Wahrheit leiten «.*   *Joh. 16,12-13.*

♦ *» Wenn der Beistand kommt, den ich Euch vom Vater her senden werde, den Geist der Wahrheit, ... so wird der von mir zeugen «.*   *Joh. 14,26 und 15,26.*
Siehe auch Seiten 61-64.

Zu diesen Worten sagte Chritus auch :

♦ *» Der Himmel (Weltall) und die Erde werden vergehen, meine Worte aber werden nicht vergehen «.* **G12**
            Mat. 24,35; Mark. 13,31; Luk. 21,33.

Dies gilt auch für die Worte des Versprechens über die Sendung des „Geistes der Wahrheit".

Aus der Zeit der Jünger Christi, der Apostel und der ersten Christen zeugt die Bibel unter der Bezeichnung „Heiliger Geist" zahlreich über Sendungen des Geistes der Wahrheit (siehe Seiten 61-62).

Die ersten Christen kamen bei Gebet und Danksagung zusammen und baten Gott um die Sendung des Geistes der Wahrheit;
Kol. 3,16 und 4,3.
So wurde es ermöglicht, dass ein geistig- göttliches Wesen mit Hilfe der Medialität eines Mitchristen, Belehrungen über ein Gott gerechtes Leben, Beschreibungen und Erklärungen über das jenseitige Leben, dessen geistigen Gesetze (siehe **11. im Anhang I**), und dem Grund und Sinn des menschlichen Lebens gab, siehe Seiten 61-63.
Siehe auch: *Apg. 1,8; 2,1-11; 10,46; 19,6; Hebr. 13,22;*
Jak. 1,21-23; 1.Kor. 14,12; J.S.(Sir.) 46,19-20.

Botschaften und Belehrungen aus der geistigen Welt sind unter gewissen Voraussetzungen auch in der heutigen Zeit möglich.
Es gibt medial veranlagte Menschen, durch die sich der Geist der Wahrheit (Geister Gottes) den Menschen kund tut, sie führen und unterrichten kann.
Der mediale Mensch redet das, was der Geist durch ihn spricht
Apg. 2,4-11.
Einige Evangelisten haben medial geschrieben oder mit ihrer durch den Geist der Wahrheit geführten Hand.
Andere Menschen sind „hellhörend" oder „hellsehend".
So dienen dem Geist der Wahrheit verschiedene Möglichkeiten für Belehrungen und göttliche Lebensanweisungen an den Menschen.
Mediale Fähigkeiten sind göttliche Geschenke, dürfen nie für eigennützige, materielle Zwecke oder gar zum Schaden anderer Mitmenschen missbraucht werden.
Sie sind eine hohe Verpflichtung zur Erfüllung ethisch edler Ziele.

Ein eindrückliches und einzigartiges Beispiel hierfür sind die über 2000 geistgewirkten Vorträge, die innerhalb von 35 Jahren, seit 1948, durch das Tieftrancemedium *Beatrice Brunner* (1910-1983) vermittelt wurden.
Siehe hierzu auf der Internet-Webseite **www.probeatrice.ch**

4.2 Verfälschung der göttlichen Botschaften durch menschliche Interessen.

Leider wurden seit Entstehung der weltlich-christlichen Kirche Menschen mit medialen Fähigkeiten bekämpft und verfolgt (z.B. während der Inquisition von 1400-1700) und nach „Hexenprozessen" umgebracht.
Auch wurden Hinweise auf mediale Verbindung in entsprechenden Texten der biblischen Schriften geändert, entstellt oder gar entfernt siehe Seiten 19-23 und 67.
Die Gläubigen durften in religiösen Fragen nicht selbstständig denken, keine andere Meinung haben als diejenige der offiziellen Kirchenvertreter, und schon gar nicht offen darüber sprechen, sonst wurden sie von der Kirche geächtet.
Speziell seit dem 19. Jahrhundert hat sich in der christlichen Gesellschaft ein eigenständiges Denken entwickelt und die alleinige Autorität der konfessionellen Kirche in Glaubensfragen ins Wanken gebracht. Damit ist es möglich geworden, dass Offenbarungen des „Geistes der Wahrheit" wieder ohne kirchliche Verfolgungen erhalten werden können. Manche Menschen von heute, so auch der Autor dieser Schrift, haben damit in den vergangenen Jahrzehnten viele Erkenntnisse über Grund und Sinn, sowie Antworten über das „Woher und Wohin" des menschlichen Lebens erworben,
siehe Seiten 61-63.
Dieses Wissen umfasst einen Teil dessen, von dem Christus mit folgenden Worten versprach :

♦ *» Noch vieles habe ich Euch zu sagen, aber ihr könnt es jetzt nicht tragen. Wenn aber jener kommt, der „Geist der Wahrheit", wird er Euch in die ganze Wahrheit leiten «.*

Joh. 16,12-13.

Es ermöglicht auch ein Eingehen auf das Leben in der geistigen Welt und seine göttlich geistigen Gesetze
(siehe „Geistige Gesetze **G ..** im **Anhang I,** Seiten 186-196).

So besteht unabhängig der menschlich materiellen Wissenschaft, Glauben und Wissen über die Existenz Gottes und einer überirdischen, alles führenden geistigen Welt.

Zur gelegentlichen Forderung von Beweisen über
die Existenz Gottes, des Jenseits und des Himmels
muss man folgendes bedenken :

♦ Sieht man nicht die Wunder der vielseitigen und wunderbar geschaffenen Natur ?

♦ Wer hat nicht schon von den „Nahtod-Erlebnissen" gehört, wie dies schon von vielen Menschen dokumentiert ist,
z.B. durch Frau Dr. Kübler-Ross,
oder
Dr.med.Raymond A.Moody.

Siehe auch den Artikel
„Die Interpretation von Nahtoderfahrungen (NTE)"
im Kulturmagazin „MUSEION 2000", Heft 3, Jahrgang 2006.

♦ Den Beweis über das seelische Empfinden kann man nicht vernehmen, wenn man stark materiell interessiert und seelisch abgestumpft, ohne Frage nach dem tieferen Sinn des Lebens dahinlebt.

Die Wissenschaft ist heute in ihren Erkenntnissen so weit fortgeschritten, dass viele namhafte Wissenschaftler die Grenzen der menschlichen materiellen Forschungsarbeiten feststellen müssen.

» Die Wissenschaft richtig verstanden, heilt den Menschen von seinem Stolz, denn sie zeigt ihm seine Grenzen «.
Albert Schweitzer

Die Komplexität der materiellen Gesetze einerseits und die äusserst feine Abstimmung aller Elementarkräfte der Materie sind derart exakt, dass bei der kleinsten Abweichung derselben kein menschliches Leben möglich wäre. Viele Wissenschaftler sind heute zur Ueberzeugung gekommen, dass nur ein überirdischer Schöpfer dahinter stecken kann, und dass weitere wissenschaftliche Erkenntnisse nur mittels „spiritueller Beihilfe" möglich werden.

Albert Einstein's
Bemerkungen dazu bringen Licht in die Sache:

„Die Überzeugung, dass das Universum mit allem, was existiert, mit dem menschlichen Verstand erfassbar sei und dass die darin geltenden Gesetze rational seien, gehört zum Bereich der Religion. Ich kann mir keinen Wissenschaftler vorstellen, der diese Überzeugung nicht teilt."

So ist der Glaube an einen Schöpfer keineswegs absurd, sondern steht völlig im Einklang mit unserer Wahrnehmung der Ordnung in dieser Welt.

Einer der herausragendsten Historiker unseres Jahrhunderts, **Sir Alfred North Whitehead**, sagt dazu:

„Die Menschen begannen wissenschaftlich zu forschen weil sie die Gesetze der Natur erwarteten, weil sie an einen Gesetzgeber glaubten."

Man hatte die Überzeugung, dass Gott eine geordnete Welt erschaffen hatte und dass diese Ordnung von rationalen menschlichen Wesen erfassbar werden kann, die selbst im Ebenbild Gottes erschaffen worden sind.
Um dem Menschen die Möglichkeit zu geben, die Unterschiede zwischen Religion und Wissenschaft zu überwinden, muss der Tag kommen, an dem eine neue Wahrheit diese beiden Bereiche zusammenwachsen lässt.

Diese neue Wahrheit sollte fähig sein, den inneren Widerspruch im Menschen , der sowohl für das Richtige und Falsche empfänglich ist, sowie alle weiteren Widersprüche, mit denen der heutige Mensch konfrontiert ist, zu lösen und den Menschen zu helfen, dem Bösen zu widerstehen und nach dem Guten zu streben.

Ueber solche Erkenntnisse, speziell der heutigen Wissenschaft, berichten immer öfters die öffentlichen Medien, wie zum Beispiel **die Zeitschrift -FACTS- in Nr. 12 vom 24.03.2005**

unter dem Titel *: „Gott lebt; die Indizien der Wissenschaft".*

Dieses Wissen zeigt uns, dass das *„Was und Warum ist diese Welt?"* eng verknüpft ist mit der Frage :
„Wer und Warum ist der Mensch?".
Beides sind Schöpfungen Gottes (G 11, im **Anhang I**).

Der erste Buchteil ist eingehend auf die zweite Frage eingegangen. Mit den darin festgehaltenen Erkenntnissen als Grundlage kann auf die erste Frage
„Was (und Warum) ist diese Welt ?" klärend eingegangen werden.

Indem wir täglich, aus vergangenen Jahrzehnten, Jahrhunderten und Jahrtausenden erleben oder selbst hören müssen, was für schwere Schicksale und Lebensnöte über diese Welt und ihre Menschen vorkommen, fragt sich der Mensch oft auch laut und eindringlich :

„Warum lässt Gott das zu ?"

In der Tat ist das Leben der Menschheit weltweit Tag für Tag von tausenderlei Not und Leid durchzogen. Es wird immer wieder versucht, den Leiden vorzubeugen, sich gegen das Leid abzusichern. Aber in Wirklichkeit wissen wir, wie ohnmächtig und lückenhaft solche Versuche sind. Mit dieser Frage ist auch das Wesen des Bösen verknüpft.

Nicht von Anfang an waren die von Gott ins Leben gerufenen Wesen mit diesen Widersprüchen belastet, denn nichts in der Schöpfung wurde in seiner Wesensart mit Belastungen - wie Leid, Böses und Schmerzhaftes - geschaffen. Auch die christliche Theologie steht heute bei der Erörterung über den Ursprung und das Wesen des Bösen vor einer schier unlösbaren Aufgabe. Leider zeigt sich auch auf diesem Gebiet eine Zerrissenheit und Widersprüchlichkeit. Sie durchzieht das zweitausendjährige Ringen des abendländischen Christentums um dieses Problem der „Nichtexistenz" oder „Nichtigkeit" des Bösen bis zur Wirklichkeit von Engelwesen, die einst gefallen sind und abtrünnig wurden.

Praktisch ununterbrochen orientieren uns die verschiedenen Arten unserer Medien über Betrugsdelikte, Gewaltsverbrechen, Menschenhandel, Mord, Terror, Kriege und Naturkatastrophen. Im „Kleinen" erfahren wir von Familiendramen, Kindsmissbrauch, Vergewaltigungen, Scheidungen und Suiziden.
Man könnte den zweiten Buchteil auch betiteln mit :
„Irrwege dieser Welt".

Mit der Erkenntnis über die Existenz eines allmächtigen Schöpfers Gott und den Zeugnissen von Propheten, und den durch die Evangelisten niedergeschriebenen, biblischen Schriften, wissen wir von der Existenz eines Satans und seines Machtbereiches,
siehe Seiten 33-34) und **G 49.**

Das beweist die Tatsache, dass unsere irdische Welt vor allem von Gottes Widersacher mit seinem Anhang beherrscht wird .
Der Mensch, ein von Gott geschaffenes und geführtes Wesen steht in einer Art Schule, in der er zwischen zwei gegensätzlich beeinflussenden Kräften von Gut und Böse zu entscheiden hat. Dazu hat Gott dem Menschen, ein Geschöpf nach seinem Ebenbild, den freien Willen gegeben. Gott selbst verstösst nicht gegen das von ihm geschaffene geistige Gesetz. Viele Nöte in dieser Welt verursacht damit der Mensch selbst und es steht in seiner Entscheidung derartige Nöte zu vermeiden oder zu verursachen. Das Ertragenmüssen solcher Nöte ist eine notwendige Prüfung für den Menschen **G 35** und **36.**

Leider ist es Tatsache, dass der Mensch ohne solche Nöte nicht lernt, und das diese Nöte verursachende gottlose Verhalten und Tun unbeeindruckt weiter führt.

Sorglos und unbeachtet der von ihnen erwarteten geistig seelischen Entwicklung, lebt heute der grösste Teil der Menschen. Interesse und Sinn konzentrieren sich bei ihm auf Materialismus, Lusterlebnisse, Zerstreuung durch Spiele, Fernsehen, Medienspektakel, Horrorfilme, und Ausschweifungen aller Art (dabei auch Alkohol und Drogen). Er fragt nicht nach Sinn, Aufgabe und Verantwortung seines Lebens.

Diese Art Prüfung, die wir als **„Seelenschule"** bezeichnen können, kann mit unserem Volksschulsystem von mehreren Klassenstufen mit steigendem Bildungsniveau verglichen werden.
Das Schulprogramm dieser **„Seelenschule"** erreicht ihr Bildungsziel zum grossen Teil nur dadurch, dass man die nachteiligen, meist oft sehr leidvollen Auswirkungen von (sündhaften) Fehlverhalten an sich selbst erfahren muss; siehe Seiten 38-40.

Solche Fehlverhalten sind vor allem Handlungen und Haltungen zum Schaden seiner Nächsten, seines Umfeldes oder zu ihm selbst. In der irdischen Welt untersteht der Mensch einem Wirkungsfeld, in dem er sich auf Grund der Notwendigkeit von Selbsterhaltung und Kreativität, im Verbund der menschlichen Gesellschaft einsetzen und entwickeln muss.
Dabei kommt er nicht um die Aufgabe einer sozialen Haltung gegenüber seinen Nächsten und einer vernünftigen Lebensführung für die Erhaltung und Förderung von Gesundheit und Tatkraft herum. Verderbliche Nachteile, entstehend durch Verletzungen zum Schaden seiner Nächsten, kommen direkt oder indirekt auf ihn zurück.
Dies oft auch erst in einem weiteren, neuen menschlichen Leben ; siehe Seiten 40-43 und **G 36 u. 44.**

Dies bewirkt einerseits eine Schulung zum bekannten göttlichen Gebot :

„Liebe Deinen Nächsten wie Dich selbst!" Mat 7,12 / 22,39.

Andererseits lehrt es ihn einen eigenen vernünftigen Lebenswandel. Mit der Einkleidung der Seele in ein menschliches Dasein ist dem Menschen, unabhängig seiner bisherigen geistigen Vergangenheit, die Erinnerung seiner vorgeburtlichen Herkunft verschlossen **G 48**. Damit soll er durch Befolgung der geistigen Gesetze (Gewissen), und durch seelische Verinnerlichung den geistigen Kontakt zur göttlichen Welt suchen und die Erkenntnisse über seine Gotteskindschaft finden. So ist die irdische Welt anders als die nicht materielle, geistige Welt speziell dazu geeignet, der menschlichen Seele, durch seelische Bildung die Rückkehr zur göttlichen Welt zu ermöglichen. Dafür ist durch Gott diese irdische Welt erschaffen worden.

Diese Erkenntnisse beinhalten einleitend schon eine erste, wichtige Antwort zur Frage :

„Warum ist diese Welt ?"

Viele Menschen möchten gerne diese Welt verbessern. Aber
— ist die Menschheit nicht machtlos gegen diese Missstände ? —
Ein Beitrag zur „Weltverbesserung" kann nicht ohne Kenntnisse der Ursachen erreicht werden.
So drängt sich uns die Forderung auf, die vielen Fehlverhalten und falschen Neigungen von uns Menschen zu erkennen, deren Gründe zu hinterfragen und ethisch vorbildliche Verhaltensweisen zu verfolgen.

Mit der Auflehnung einer Schar von Wesen, die in der himmlischen Welt zusammen mit dem Lichtengel (Luzifer) eigene Wege vorgezogen haben, hängt eng die Entstehung des Bösen und das Leid in dieser Welt zusammen.

Der *1. Petrus-Brief 5,8* ist hier aktueller denn je. Dort steht:

> **»Euer Widersacher, der Satan, geht umher wie ein brüllender Löwe und sucht, wen er verschlingen kann.«**

Wer ist es denn, der Leid und Elend, sowie Böses in der Welt verbreitet? Das ist die Frage, um die es geht. Der grausamste Verursacher ist der Mensch selbst, der Mensch ohne Gottesglauben.

Ethisch vorbildliche Verhaltensweisen zu verfolgen ist aber kein einfaches Unterfangen, denn vorerst müssen wir uns bewusst sein, dass es eine praktisch unübersehbare Vielfalt menschlicher

Neigungen , Lebensanschauungen, Entwicklungen

in Volksgruppen, mit vielfältig individuell verschiedenen Schicksalssituationen gibt. Daraus resultieren zum Teil ganz unterschiedliche Konfliktmöglichkeiten. Versuchen wir einmal uns im Einzelnen mit diesen Vielfaltsarten auseinander zu setzen. Vor allem geht es hier um diejenigen menschlichen Eigenschaften, Neigungen, Denkweisen und Abläufen, welche die verschiedenen, negativen Konflikte bringen.

Da sind einmal die negativen menschlichen *Neigungen,*
gemäss dem folgenden Kapitel 5. .

----

5. Die Grundübel unserer Menschheit

5.1 Arten der Fehlverhalten

- Neid, Eifersucht und Missgunst, Schadenfreude, Hass, Böswilligkeiten, Lästerungen, Schädigungswillen, Verbrechen;

- Ueberheblichkeit (Geringschätzung seines Nächsten), Besserwissen mit falschem Stolz und Prestige-Verhalten, geltungssüchtiger Ehrgeiz;

- Eigennutz, Egoismus, Machtstreben, Herrschsucht;

- Materialismus;

- Unehrlichkeit (Betrug und Lüge);

- Gleichgültige, nur irdisches Wohlergehen, Lust- und Zerstreuung suchende Lebensweise;

- Leidenschaften, Unzucht, Schmarotzerleben.

Dabei entspringt das eine oder andere Fehlverhalten unmittelbar aus einem bereits bestehenden. Die Hauptursache allen Uebels liegt, im einst stattgefundenen Fall eines grossen Teils der Engelswelt, angeführt vom einstigen Erzengel „Glänzender Morgenstern", Luzifer; siehe Seiten 29-31 und 37/38.

Durch schädliche Charakteranlagen hat die menschliche Seele sich mit dem folgenschweren Ungehorsam gegen ein von Gott vorgegebenes Gesetz, schweren Schaden zugefügt. Andererseits hat sie sich nachher, über unendliche Zeiten hinweg, durch anschliessendes, bösartiges Wirken vermehrend weitere seelische Verderbtheiten beigebracht.

Der Mensch, der für diese zu Gott zurückführende

„Seelenbildungsschule"

auf diese Erde geboren wird, trägt daher als Folge seiner Ungehorsamkeiten gegen die göttlichen Gesetze, mindestens viele der oben genannten Fehlverhalten und Veranlagungen in sich.

Diese soll er innerhalb seines irdischen Daseins Stück um Stück überwinden und ablegen.
Dabei steht er stets zwischen zwei entgegengesetzten Einflüssen.
Einerseits ist es die göttlich- geistige Welt, die ihn, über sein seelisches Empfinden, und unterstützt durch sein Denkvermögen, in seinen Handlungen und Lebenshaltungen zum Guten inspiriert.

Andererseits versucht die satanische Geisteswelt den Menschen, im Interesse versündigte Mittäter und Anhänger nicht zu verlieren, durch Verlockungen weltlicher Vorteile, angenehmeren Lebenswegen und Lustbarkeiten, von vorbildlichen Haltungen und Handlungen abzuhalten.

Diese Kräfte von unten können aber nur auf unserer Erde wirken, jedoch nicht in einer himmlisch geistigen Sphäre.
Also nur die Menschen haben mit diesen Mächten zu kämpfen.
Dies ist ein Teil der „Schule" für den Menschen auf dieser Erde.

Die Verlockungen sind zum Teil, wie schon erwähnt :

♦ **weltlich materielle Vorteile, teils durch Unehrlichkeiten
(Lüge, Betrug oder Diebstahl)
oder sogar grösseren Verbrechen;**

♦ **Machtgewinn;**

♦ **persönliches Ansehen;**

♦ **gleichgültige Lust und Zerstreuung suchende Lebensweise;**

♦ **Vergnügungen aller Art, Leidenschaften,
Süchtigkeiten und Unzucht.**

Der Mensch steht stets vor der Wahl zwischen weltlichen
„Vorteilen und Bequemlichkeiten" oder dem entsprechenden
Verzicht auf ungerechtes, Leib und Seele schädigendes Tun.

Auf Grund des von Gott geschenkten „Freien Willens"
(siehe Seiten 29-30, 57, 78 und **G 39**)
liegt es immer an uns selbst, zwischen den verlockenden Vorteilen
eines Vergehens und einem unangenehmen, oft auch leidvollen,
aber moralisch korrekten Verzicht, zu entscheiden.

Der Verzicht, im Interesse des ethisch Guten, stärkt unsere
charakterlichen, edlen Eigenschaften und fördert so unsere seelisch
positive Entwicklung **G 41**.

Bandelaire sagt dazu:

*„In jedem Menschen sind zu jeder Stunde gleichzeitig zwei
Begehren mächtig, das eine nach Gott, das andere nach Satan.
Der Ruf nach Gott, die Geistigkeit, ist ein Wunsch, empor zu
steigen, der nach Satan, der tierische Trieb, die Lust zu sinken."*

Zu den Einzelnen dieser negativen, menschlichen Neigungen :

5.2 Neid und Eifersucht.

Sie sind die primären Grundübel in der Menschheit, aus welchen
meistens die weiteren menschlichen Grundübel erwachsen. Dies
waren auch einst in der Engelswelt die ersten Übel, welche zum
sündhaften, gesetzesverletzenden Handeln des einstigen Erzengels
„Glänzender Morgenstern Luzifer" und seiner „Mitläufer-Engel", und
dann zu deren Sturz aus den Himmeln in den Abgrund des
Totenreiches führte; siehe **Kap.6**, Seite 29, **„Das Totenreich"**.

Deshalb wollen wir uns ernsthaft damit auseinandersetzen.

Das Lexikon beschreibt den **Neid** als Missgunst, feindseliges Gefühl
gegen einen anderen wegen eines Wertes, dessen Besitz einem selbst
nicht gegeben ist. Neid richtet sich auch gegen soziale Gruppen.
Motiv des Neides ist ein allgemeiner Benachteiligungsverdacht.

Aber durch den **Neid** des Teufels kam der Tod in die Welt,
und es erfahren ihn alle, die jenem angehören (*Weish. 2,24*).

Aus diesem Bibelzeugnis geht hervor, dass der Neid, als
Ausgangsvergehen Satans, das Ursprungsübel ist,
aus dem alles weitere Böse hervorgegangen ist.

Neid ist eine Gefühlskraft darüber, im Moment in ungerechter Weise
weniger zu sein oder zu besitzen als andere, und löst entsprechende
Konflikte aus.
Der **Neider** ist nicht bereit einem andern persönliche Vorteile zu
akzeptieren und vergisst dabei, dass er selbst auch andere Vorteile
sein eigen nennen kann.
Der **Neid** hat stets das Ziel einer Gleichmachung und vergisst,
dass jeder Mensch seine eigenen Lebensgrundlagen, Talente und
Aufgaben besitzt.

Dementsprechend stellt ihm die „Vorsehung" (göttliche Führung) mit seiner menschlichen Geburt, angepasst an seinen Entwicklungsstand, auch persönlich eigene Mittel und gesellschaftliche Umfelder zur Verfügung.

So ist dies für jedes von uns auch eine persönlich eigene Verpflichtung, Aufgabe und Verantwortung, für einen individuell sinnvollen Einsatz dieser Mittel in seinem Lebensumfeld zu übernehmen.

Praktisch alle grossen Errungenschaften der Menschheit, seien sie ethischer, künstlerischer oder wissenschaftlicher Natur, wurden geschaffen von Menschen mit hohen Talenten, Fähigkeiten, sowie Fleiss, Ausdauer und Beharrlichkeit.

Es geht also bei jedem Menschen darum, die Vorzüge seiner Fähigkeiten mit Hilfe der ihm gegebenen materiellen Güter sinnvoll zu gebrauchen.

Ein Beispiel vorbildlicher Verhaltensweise im Miteinander zeigt die Geisteshaltung des alten Griechenlands im Zusammenhang mit den „Musen". Diese waren bei den Griechen Schutzpatrone der Künste und Wissenschaften. Talente und Fähigkeiten waren für die alten Griechen Geschenke oder Leihgaben vom Schöpfer des Lebens. Sie verlangten von ihnen Dankbarkeit gegenüber dem Schöpfer und im Kontakt mit ihrem Umfeld persönliche Bescheidenheit, gleichzeitig die Anerkennung des Nächsten in dessen Bemühungen zur erfüllenden Nutzung von Talenten und Fähigkeiten.

Sokrates erklärte dazu :

»die Dir innewohnende Fähigleit .... ist ....
keine eigentliche Kunst, sondern eine göttliche Kraft !"
(*Platon-Dialoge, Ion 533*).

Siehe hierzu auch die Zeugnisse in den griechischen Werken von Hesiod, Homer oder Euripides.

Der **Neider** sieht meist nur den Unterschied der gegebenen Mittel und nicht die damit verbundenen Aufgaben und Verpflichtungen.

Gott in Frage stellende Lebensauffassungen sind die meist auftretenden Triebfedern für Neid, Eifersucht sowie Sorgen und Bitternisse gebärenden Nachteile für den Ungläubigen.

Neidische Menschen sind seelisch krank. Neid verursacht Missvergnügen und Unzufriedenheit, vergiftet Körper und Geist und absorbiert Kraft, welche für Sinnvolles genutzt werden könnte.

Der Neider zeigt dabei aggressives Verhalten gegen sein Opfer und neigt dazu, dieses mit Worten zu beleidigen, zu demütigen, zu schikanieren, zu verleumden oder anderweitig zu schädigen. Dies kann das Opfer je nach individueller Sensibilität in seiner Entwicklung stark hemmen. Das führt zu gesellschaftlichem und volkswirtschaftlichem Schaden.
Ein bekanntes Beispiel ist der Justizmord an Sokrates !

Platon Apologie 28a

Neid ist auch ein Grund für die gruppenweise Spaltung der Menschen und die Auslösung des

„Kampfes von Parteien"

und führt dadurch zu einer Hemmung von sinnvollen, positiven Entwicklungen im menschlichen Zusammenleben. Ziele sind zum Beispiel bildungsmässig und materiell bevorzugende Privilegien oder gleichmacherischer Neid.

Der Mensch, der nicht an eine schöpferische und gerechte Allmacht glaubt, gefährdet Lebensgrundlagen wie Talente, Fähigkeiten, Gesundheit und materieller Wohlstand, sowie gesellschaftliches Ansehen.
Sein Unglaube verunmöglicht ihm das Verständnis für eine individuell angepasste positive Entwicklung.
Da jeder Mensch auf einer geistigen Entwicklungsstufe steht, sind auch die notwendigen Daseinsgrundlagen individuell angepasst.

„Der Gottgläubige kann ob solcher Unterschiede nicht eine Ungerechtigkeit ableiten,
ohne eine gerechte Allmacht selbst in Frage zu stellen !"

Neid ist eine Beziehung zwischen zwei Personen oder Gruppen.

Eifersucht ist Neid gegen eine gute Beziehung zur eigenen Kontaktperson und zu Dritten.

Neidgefühle sind Auslöser von Hass, Aggressionen und Ungerechtigkeiten.
Sie sind der zentrale Grund von Unfriede, Krieg und Leid, sowie Ursache von Hemmungen anderer in ihrer positven Entwicklung.
Hass ist schon das Empfinden, dass man jemandem unsympathisch ist.
Hier gilt das Gebot, andern verständnisvoll und mit Achtung gegenüber zu treten.

Jeremias Gotthelf sagt dazu :

» **Wir halten Eifersucht immer für den Ausbruch**
des Bewusstseins der eigenen Schwäche
oder der eigenen Unliebsamkeit. «

und La Rochefoucauld zitiert :

» **In der Eifersucht ist mehr Selbstliebe als Liebe** «,

oder Max Frisch :

» **Eifersucht ist Angst vor dem Vergleich** «.

Beispiele von Neid oder Eifersucht aus allen Zeiten:

♦ **Neid** existiert in unserer Weltgeschichte
seit Menschengedenken.

Das erste uns bekannte Beispiel sind Kain und Abel. Abel brachte dem Herrn Opfer aus den Erstlingen seiner Schafe und der Herr sah wohlgefällig auf Abel und seine Opfer.
Dies erregte Neid bei Kain und Hass gegen seinen Bruder .
In der Folge erschlug Kain seinen Bruder Abel.

1. Mose, 4, 4-8.

♦ *Um 1680 vor Christi* : **Neid** der Brüder Josephs;

1. Mose, 37, 4-11.

♦ *1244 vor Christi* : In den Zehn Geboten, die Moses im Auftrage Gottes den Israeliten brachte, wird im 9. und 10. Gebot vor den Auswirkungen des **Neides** gewarnt; **G 9 u. 10** und

2. Mose, 20,16-17 und 5. Mose, 5,20-21.

♦ *10. Jarhundert vor Christi:* Seid nicht **neidisch**....   *Spr. 24, 1.*

♦ ....oder ist dein Auge **neidisch**, weil ich gütig bin ?   *Mat. 20,15.*

♦ Denn er (Pilatus) wusste, dass sie (Hohepriester und Aelteste) ihn aus **Neid** überliefert hatten   *Mat. 27, 18.*

♦ Einige zwar predigen Christus auch aus **Neid** und Streitsucht, ...

Phil. 1,15.

♦ Denn von innen, aus dem Herzen der Menschen, kommen die bösen Gedanken,.........
neidischer Blick, ... verunreinigen den Menschen

Mark. 7, 21-23.

♦ Denn auch wir ... lebten in Bosheit und **Neid** dahin, verhasst, einander hassend

Tit. 3,3.

♦ So leget nun ab alle Bosheit .... und **Neid** ...

1. Pet. 2,1.

♦ In der Politik besteht immer wieder die Gefahr, dass Oppositionspolitiker unter Neidgefühlen, notwendige Massnahmen oder Reformen torpedieren, hemmen oder gar vereiteln und so gesunde, positive Entwicklungen in der Gesellschaft verunmöglichen.

Friedrich Ernst Daniel Schleiermacher zitiert :

» **Eifersucht ist eine Leidenschaft,
die mit Eifer sucht, was Leiden schafft.** «

5.3 „Besserwissen", falscher Stolz und Prestige

Wie verhalten wir uns, wenn man untereinander in einer Sache uneins ist. Meist ist man in seiner Gesinnung dem andern gegenüber nicht mehr so wohlwollend und oft entsteht Streit. Man wendet sich gegenseitig voneinander ab, anstatt das verursachende Thema, im Interesse einer friedbaren Einigung, auf eine ruhige und verständnisvolle Art auszudiskutieren.

Nicht immer Recht zu haben ist keine Schande !

5.4 Erregen von Neid : Ueberheblichkeit und Hochmut
können beim Nächsten Neid erregen.

Geht es einem Menschen gut, sei es dadurch, dass er mit grossen Talenten, infolge weltlich materieller Begüterung oder gesellschaftlich hohem Ansehen, entsprechende Erfolge erreicht, ist seine Gefahr zu Ueberheblichkeit sehr gross. Im Vergleich zu weniger erfolgreichen Mitmenschen kann sich eine Neigung zu Geringschätzung seines Nächsten entwickeln. Solche Ueberheblichkeiten verletzen den Mitmenschen und sind Nährboden für Neid oder Hass.
Ueberhebliche Menschen vergessen, dass sie Geschöpfe und Kinder Gottes sind, und dass alle ihre Talente Geschenke Gottes sind, die auch entsprechende Verpflichtungen und Verantwortungen in sich tragen.
Siehe hierzu auch die Mahnungen in ..... *5. Mose 8,11-14 und 17-18.*

Ueberhebliche Menschen vergessen auch, dass ihr weltliches Dasein aus Staub und Asche besteht; siehe ....   *Sir 10,9,*

und dass es bei Gott *„kein Ansehen der Person gibt"*;
                          2.Ch 19,7; Apg. 10,34; Röm 2,11.

Mahnungen warnen :

Hochmut kommt vor dem Verderben, hoffärtiger Sinn vor dem Fall
                                        Spr 16,18.
Kommt Uebermut, so kommt auch Schande;
bei den Demütigen aber ist Weisheit   *Spr 11,2.*

Gegen die Neigung von Ueberheblichkeit und
Hochmut heisst göttlicher Rat :

„Wenn Du reich bist, mein Sohn, wandle in Demut !"
                                    Sir 3,18-20.

5.5 Unwissenheit, Falschbilder zum Sinn des Lebens.

Viele Menschen haben eine unbefriedigende oder sogar keine
Vorstellung, beziehungsweise Ahnung über den wahren Sinn ihres
menschlichen Lebens und der Existenz einer geistigen Welt;
siehe auch die Seiten 23-24 und 62.

So leben viele seelisch ziellos, nur getrieben durch Interessen für ein
möglichst sorgenloses, finanziell gut abgedecktes, irdisches Wohl-
leben, materiellen Wünschen, einem äusserlich persönlich attraktiven
Aussehen (siehe Mode, Schönheitschirurgie, Schönheitswettbewerbe)
und allen erreichbaren Lust- und Ablenkungserlebnissen, und wenn
irgendwie auch möglich gesellschaftlichem Ansehen und Einfluss-
macht.

Unterhaltungs- und Erlebnisfeste sind unter anderem :

♦ Fasnachtsfeste, je nach regionalen Bräuchen. Von vielen Menschen wird Fasnacht als das wichtigste Jahresfest bezeichnet und
die "5.Jahreszeit" genannt ! --

♦ Sonn- und Feiertage füllende, speziell „nervenkitzelnde" Medien-
darbietungen mit Sport (extremer Spitzensport) wie Fussball,
Tennis, Rad- und Autorennen bei Hochpreisungen von extremen,
körperlich unnatürlichen Höchstleistungen, unvernünftigen
Starenprämien und kostspieligen „Sportstadien" (Arenen).
Der gesunde Volkssport und ein vernünftig betriebener Leistungs-
sport wird von den Medien kaum honoriert oder unterstützt.
Verlangt werden sensationsträchtige Darbietungen nach Ein-
schaltquoten.

♦ Viele Menschen suchen in ihrer Freizeit stets nur nach Ablenkung
und Vergnügungen. Ohne diese kommen sie mit dem Alltag nicht
zurecht. In den Medien stark gewünschte Sendungen sind: Krimis,
Romanfilme, sexbetonte und entsprechend zweideutige Unterhaltungen, Horrorfilme aller Art, fragwürdige „Theaterstücke",
Rätsel- und Gewinnquize über weltliches Datenwissen.

Zum Glück gibt es zum Teil auch humorvolle, öffentliche Veranstaltungen und Darbietungen oder kulturell wertvolle Mediensendungen.

Auf Grund der Einschalt- und Interessensquoten überwiegt die Konsumation von Ablenkung bietenden, sensationsgefüllten, oder lustbetonten Veranstaltungen..

5.6 Rücksichtsloses und naturfeindliches Verhalten gegenüber Pflanzen- und Tierwelt.

◆ Rigoroses Abholzen von Waldgebieten und grosser Regenschutzwälder;
◆ Radikale Ausnützung von Fischfangmöglichkeiten;
◆ Tierquälerische Jagdpraktiken :
  ◆ Massenweises Abschlachten von Walen, Delphinen, Seelöwen und Robbenfellgewinnung an lebenden Tieren;
  ◆ Quälerische Behandlung von gefangenen Fischen;
◆ Tierquälerische Haustierhaltungen
    (siehe auch Zeitschrift VgT-Nachrichten):
  ◆ Verbotene Daueranbindehaltung von Pferden;
  ◆ Grausames, betäubungsloses „Schächten" vor dem Schlachten;
  ◆ Lebenslange Kastengefängnis-Einzelhaltung von Kaninchen;
  ◆ Massenhühnerhaltungen ohne Freilandleben;
  ◆ Tierfabriken mit Chemiemästung und grausamer Kastenhaltung, zum Beispiel in der klösterlichen Schweinefabrik St.Elisabeth des Bistums Basel, (siehe Buch: „Tierfabriken in der Schweiz", erhältlich beim VgT).

Eine Empfehlung an dieses Kloster wäre :

„Ein wenig Güte ohne Religion taugt tausendmal mehr als alle Religion ohne Güte !"

◆ **Umweltverschmutzungen :**

◆ CO_2 - Emissionen durch Industrie, Motorfahrzeuge und Flugzeugbetrieb (Aerosol);

◆ Ausstoss von schädlichen Kleinpartikeln durch Industrie-Grossholzfeuerungsanlagen;

◆ Giftmüllablagerungen;

◆ Oelverschmutzungen der Meere;

◆ Wasserverschmutzungen durch Industrie- und Gewerbeabwasser;

◆ Acker-, Weideland- und Nahrungsmittelvergiftungen durch Pestizide und andere Chemikalien.

◆ Nicht regenerierbare Landnutzungen mit bodenauslaugenden Pflanzenkulturen durch ausländische Grossfirmen.
Die in den betroffenen Gebieten ansässigen Einwohner sind in ihrer Not gezwungen für Hungerlöhne in den Plantagen zu arbeiten.

Die Besitzer dieser Grossfirmen machen dagegen rücksichtslos enorme Gewinne.

◆ Zwangsvertreibung von Naturvölkern aus Ländern mit Oelvorkommen oder anderen Bodenschätzen.

Die meisten der hier aufgeführten, ohne jegliches moralisches Empfinden praktizierten Aktionen und Verhalten, haben stets nur das Ziel von möglichst grossem persönlichen Gewinn.

5.7 Freiheitsberaubung, Folterpraxis, grobe Verstösse gegen Menschenrechte .

Der menschlichen Geschichte, die auf das miteinander im Konflikt stehende Leben der Menschen, die sowohl zum Guten, als zum Bösen neigten, zurückzuführen ist, liegen grösstenteils Auseinandersetzungen zugrunde.
Dabei handelt es sich durchwegs um Machtkämpfe äusserer Art, die sich auf die Eroberung von Land, Eigentum und Menschen beziehen.

Solches geschieht immer wieder, zum Beispiel durch Erpressung bei kriegerischen Auseinandersetzungen oder durch Liquidation unliebsamer Regime- und Raubbau-Gegnern.

5.8 Fehlende Klarheit im Denken

Heute zeichnet sich eine Ablehnung zum eigenen Denken ab, d.h. vom Denken wird nichts mehr gehalten. Im Vordergrund steht das flache Leben und Streben nach Besitz, Macht und Bequemlichkeit.

Im materiellen Bereich hat sich das Denken isoliert. Alles wird messerscharf in Kleinteile zerlegt und glasklar analysiert.

Das **„Eigentlich menschliche"** weicht immer mehr auf, und das **„Unmenschliche"** bekommt Oberhand.

Der Mensch von heute zeigt ein uniformiertes und gleichförmiges Verhalten, will nicht auffallen. Alles wird zur Gleichmacherei.
Ein neuer Weg mit Erkenntnissen ist erforderlich, um den Menschen die geistige Welt wieder klarer näher zu bringen.
Hierzu siehe Abschnitt 8.2 .

----

6. Die Folgen der Grundübel

6.1 Die Schadenfreude: eine Folge von Neid.

♦ *Um 2120 vor Christi :*
Weide dich nicht an deinem Bruder am Tage seines Unglücks, ..

Ob. 12.

♦ Oft werden bei Prominenten persönliche Schwachstellen
aufgespürt und mit Schadenfreude in der Oeffentlichkeit
ausgeschlachtet.

Neid verfolgt nicht nur zu besitzen was andere ihr Eigen nennen. Im
Neid liegt auch der Keim mehr zu haben oder zu sein. Die Feststel-
lung, dass ein anderer den gleichen Besitz geniesst, weckt den Unmut
des Neiders. Einerseits stört ihn, dass der andere bald reicher werden
könnte als er. Andererseits besteht beim Neider meist auch der Drang
zu **Ueberheblichkeit und Egoismus.** Schon das Unverständnis, dass
mit Besitz und Talenten auch Pflichten und Verantwortungen verbunden sind, fördert negative Eigenschaften.
Da der Neider etwas zu besitzen anstrebt, was ihm offenbar auf
Grund unterschiedlicher ihm zugedachter persönlicher Lebensbe-
stimmungen nicht zusteht, verfällt er der
Ueberheblichkeit und dem **Egoismus.**

6.2 Ueberheblichkeit, Hochmut und Herrschsucht

bewirkt eine Erniedrigung des Beneideten und
damit eine vermeintliche Aufwertung seiner selbst.

Jeremias Gotthelf zitiert dazu :

**» Der Stolz, eine edle Leidenschaft,
ist nicht blind gegen eigene Fehler;
aber der Hochmut ist es. «**

Die weitere Folge davon ist die **Herrschsucht,**

denn sie erhebt den Anspruch vieles oder gar alles besser zu wissen und zu können, und damit berechtigt zu sein, zu bestimmen *„wo es lang geht".*

Diese **Herrschsucht,** zusammen mit dem gleichzeitig einhergehenden **Egoismus,** führen so weit, dass sie sich anmasst über das Wirkungsfeld des Beneideten zu bestimmen und über Teile dessen Eigentum zu verfügen.

In der Folge führt dies zu **Raub** fremder Mittel und zu weiteren Übeln, wie :

6.3 Unehrlichkeit, Betrug, Lüge, Enteignung; G 7 - G 10.

Die **Unehrlichkeit** ist eines der grössten Übel unserer Gesellschaft. Sie beginnt zuerst im Kleinen, in einer Grössenordnung in der wir uns alle praktisch Tag für Tag vergehen. Denken wir allein an unsere Praktiken im Werbe-, Reklame- und Verkaufssektor. Hier werden Angebote in den schönsten Farben beschrieben und propagiert.

Meist geschieht dies mit Darstellungen, die falsche Tatsachen suggerieren und zu irreführenden Vorstellungen führen. Und dies so geschickt, dass man sie nicht direkt als Lügen brandmarken kann. Negatives wird verschwiegen.

Solche Werbungen werden praktisch in allen Gebieten des Handels, der Dienstleistungen, in der heutigen Medienlandschaft und bei Verträgen getätigt.

Alle Beteiligten solcher Werbepraktiken sind sich offensichtlich gar nicht ihrer direkt oder indirekt produzierten Unehrlichkeiten bewusst, leben gar in der Vorstellung und Eigengenugtuung ausgezeichnete Berufs-, beziehungsweise Managerarbeit zu leisten und werden für ihre derartigen Erfolge belohnt. Sie empfinden solche Praktiken nicht als Unehrlichkeiten, sondern als legale Werkzeuge und gute Fähigkeiten.

Ihnen seien wärmstens folgende geistigen Gesetze zur Beherzigung empfohlen:

1.) *„Auch die kleinsten Dinge zählen im Leben, nicht nur die grossen. Im Kleinen beginnt, was gross werden will"* **G 51.**

2.) *„ Für die geistige Welt ist die Wahrheit das oberste Gesetz"* **G 18.**

Viele versuchen diese Tatsachen zu bagatellisieren und die kleinen Unehrlichkeiten mit Ausreden und Beschönigen als unerheblich, nicht verboten und offiziell zulässig, zu rechtfertigen.
Sie realisieren nicht, dass die kleinen Unehrlichkeiten entsprechenden Gedanken entspringen.

Ein Sprichwort aus China warnt :

» **Achte auf deine Gedanken !**
Sie sind der Anfang deiner Taten. «

Ehrlichkeit und Charakterstärke entfalten sich nicht auf dem Boden von Lebenspraktiken kleiner ungetreuer Unkorrektheiten.
Deshalb ist das Vergehen durch Unehrlichkeiten, Ausnützen des Nächsten, Verschweigen von unangenehmen Wahrheiten eines der Grundübel unserer Gesellschaft.

Dies schadet dem menschlichen Zusammenleben in allen Arten von Kontakten und Volksschichten, mit weitreichend schädlichen Auswirkungen.

Klassische Beispiele bieten viele Parteien über unsere Medienlandschaft und die *„legale" Pressefreiheit* mit ihren politischen Rechtfertigungen.und Darstellungen.

In diese Kategorie von Unehrlichkeiten gehören die so immer wieder praktizierten Betrugsdelikte bei der Deklarierung von Verkaufsprodukten, wie zum Beispiel :

- Auswechseln von abgelaufenen Haltbarkeitsangaben bei Lebensmitteln;
- Verkauf von Auslandsprodukten, deklariert als Inlandprodukte;
- Missbrauch der „BIO"-Bezeichnung und irreführende Ettiketten;
- Verkauf von Batterieeier als Freilandeier;
- Verkauf von USA-Rindfleisch als teures Bündnerfleisch;
- Verbotene Zusatzmittel und Farbstoffe in Nahrungsmitteln;
- Schwindel bei Occasionsangeboten, wie bei Autos :
  - Überlackierte „Schrotthaufen",
  - Manipulation von Tacho-Kilometerstand.
- Schwindel bei Reperaturrechnungen für:
  - Autos, Fernsehgeräte, Radios, Haushaltgeräte, Computer etc.
  - Verrechnung nicht ausgeführter Arbeiten oder Teileersatz.
- Schwindel mit Preisübergabe-Einladungen unter der Bezeichnung
  » Sie haben gewonnen ! «
  durch Verkaufsfirmen mit ständigen
  Namens- und Domizilwechseln.

Das sind nur wenige Beispiele.
Über weitere Betrugsbereiche und Beispiele könnte man Bücher schreiben. Bestimmte öffentliche Medien, zum Beispiel einzelne Zeitschriften wie K-Tip, Saldo, Beobachter und Konsumentenschutzorganisationen berichten laufend über Schwindelfälle. Wo immer wir im Kontakt mit Marktangeboten stehen, sind wir vielfach in Gefahr betrogen zu werden. Im Abendland ist diese Mentalität offenbar das Markenzeichen unseres Christentums.

Parallel einher gehen auch andere schlechte Lebensverhalten für irdisches Wohlergehen, wie Streben zu Schmarotzerleben, Begierdenleben und Unzucht. Solches steigert sich unweigerlich bis zur unkontrollierten Leidenschaft.

6.4 Bekämpfung infolge von Neid

Lebensvoraussetzungen wie Talente, Lebenskräfte, gesellschaftliches Umfeld, welche dem Neider mit auf den Lebensweg gegeben wurden, sind meist andere oder teils gar ausgeprägtere als diejenigen des Beneideten. Der Neider steht in der Versuchung, dem Beneideten dessen Vorteile mittels eigenen, ausgeprägteren Einsatzmöglichkeiten streitig zu machen.

Besteht Neid zwischen Gruppen, kann dies zu Kampfhandlungen führen. Vom gleichen Neid befallen „solidarisieren" sich Mitglieder einer Gruppe zu gemeinsamen Vorgehen gegen die Beneideten. Es können zum Beispiel verbale, parteiliche Auseinandersetzungen mit Mehrheitsbeschlüssen sein. Im Bestreben beider Gruppen, selbst in der Uebermacht zu sein, suchen beide entweder nach weiteren Mitinteressenten und deren Beihilfe oder spezieller Meinungsbildung mittels besseren finanziellen Mitteln und Medienkontakten.

Mit dem Mittel von Medienkontakten und deren Werbemöglichkeiten stellt sich gleichzeitig die Frage nach einfachen und wahrheitsgetreuen Informationen. Der Möglichkeit der Vortäuschung falscher Tatsachen, verwirrenden Informationen und Falschdarstellungen sind dabei Tür und Tor geöffnet. Dies besonders dann, wenn sich Medien in viele Fällen für ihre Berichte nicht verantworten müssen.

So sagte Gustav Freytag : **» Alle Welt klagt über den Journalismus, und jedermann möchte ihn für sich benutzen. «**

Diese *„Kämpfe von Parteien"* kosten ein Volk wertvolle Energien, die in andern wichtigen Lebensbereichen fehlen. Sie hemmen sinnvolle, positive Gesellschaftsentwicklungen. Diese Nachteile treffen das ganze Volk, jeden Einzelnen und beeinflussen wichtige Probleme, nicht nur die Grösse des Sozialproduktes und das soziale Engagement, sondern vor allem die Bereiche der Menschenbildung.

Ein weiteres Beispiel von Bekämpfungen infolge Neid ist die stets zunehmende Gewalt in den Schulen, also schon in der Zeit jugendlicher Entwicklung.

Wenn es zu Auseinandersetzungen zwischen Völkern und Staaten kommt, kann dies zu Kampfhandlungen und oder kriegerischen Konflikten führen.

Die aus derartigen Konflikten unterlegen Hervorgehenden spielen dann auf Zeit und bauen darin eine noch grössere Kampfkraft auf. Damit ist die nächste kriegerische Auseinandersetzung vorprogrammiert
In dieser Weise schliesst sich der Gewaltskreis („Teufelskreis").

Dieser dreht dann so lange weiter, bis eine Gruppe entweder ganz zu Grunde geht, oder aus Einsicht über die Sinnlosigkeit der sich dabei stets wiederholenden Nöte und menschlichen Schicksale, den Mut aufbringt diesem „Teufelskreis" nicht mehr zu folgen und sich mit dem andern gütlich und solidarisch zu einigen oder nachzugeben.

Markante jüngste Beispiele sind die beiden Weltkriege im 20. Jahrhundert.

6.5 Egoismus (Ichsucht, Selbstsucht, Selbstliebe), Priorität von Geld

Gemäss Definition von „Meyers Lexikon" ist Egoismus eine Gesinnung, die sich nur durch die Rücksicht auf das unmittelbar eigene Wohl oder Wehe, den eigenen Nutzen oder Schaden leiten lässt und deshalb eine Aufopferung des eigenen Interessens zu gunsten des fremden oder im Dienst einer allgemeinen Idee ausschliesst.

Wird dabei wenigstens die direkte Schädigung des fremden Wohles vermieden, so ist der Egoismus ein feinerer, wird das letztere rücksichtslos dem eigenen geopfert, so ist es ein grober.

Beispiele von „grobem Egoismus"

♦ Ausplünderung der „Dritten Welt"
(siehe auch die Ausführungen über Umweltausbeutungen,
bzw. Zerstörungen im Abschnitt 5.6).

Der investierende Mensch vergeht sich gegen die ethische Verpflichtung zur Achtung vor der Schöpfung und der Heimat anderer Völker und gegen die notwendige Erhaltung einer gesunden Natur.

♦ Ausplünderungen und anschliessende Verkäufe von mit viel Pioniergeist, persönlichen Opfern und vorbildlichem Entwicklungsgeist, für grosse mitarbeitende Belegschaften, aufgebaute Produktionsstätten und gesunden Arbeitsplätzen, durch rein materiell interessierte Besitzererben oder Kurzzeitmanager, was zu Machtfusionen und grossen Arbeitsplatzverlusten führt.

Heiner Geissler,
Ex-Generalsekretär der deutschen CDU schreibt dazu :

„ Wo bleibt der Aufschrei der SPD, der CDU, der Kirchen gegen ein Wirtschaftssystem, indem grosse Konzerne gesunde kleinere Firmen wie Kadus im Südschwarzwald mit Inventar und Menschen aufkaufen, als wären es Sklavenschiffe aus dem 18.Jahrhundert, sie dann zum Zwecke der Marktbereinigung oder zur Steigerung der Kapitalrendite und des Börsenwertes dichtmachen und damit die wirtschaftliche Existenz von Tausenden mitsamt ihren Familien vernichten ?

Den Menschen zeigt sich die hässliche Fratze eines unsittlichen und ökonomisch falschen Kapitalismus, wenn der Börsenwert und die Managerlöhne - an den Aktienkurs gekoppelt - um so höher steigt, je mehr Menschen wegrationalisiert werden.

*Der gerechte, aber hilflose Zorn der Lohnempfänger richtet sich
gegen die schamlose Bereicherung von Managern, deren
„Verdienst", wie sogar die FAZ schreibt, darin besteht, dass sie
durch schwere Fehler Milliarden von Anlagevermögen vernichtet
und Arbeitsplätze zerstört haben. "*

♦ Schmarotzer sind ausserdem Menschen, die sich mit allen Tricks
   von jeder Mitarbeit innerhalb der Arbeitsbereiche der Gesellschaft
   drücken und stets von allen möglichen Fremdhilfen profitieren.

♦ Fehlende, minimalste oder falsche Hilfsbereitschaft gegenüber
   körperlich oder geistig reduzierten, oder chronisch kranken Mitmenschen.
   Alters- oder krankheitsbedingtes Leistungsdefizit wird mit Ab-
   schiebung in Heime, und mit „Vergessen" gar mit öffentlicher
   Isolierung bestraft.

6.6 Machtstreben von Clanverbündeten, Volksgruppen oder Nationen
(siehe Internet *www.bornpower.de*) :

A) Mafia :

Der Begriff wird in der Oeffentlichkeit für zahlreiche Verbrecher-Syndikate und -Banden in aller Welt verwendet. Ein Beispiel ist die sizilianische Mafia. Sie ist eine Machtstruktur, sucht ausserordentlichen materiellen Gewinn, schnellen Reichtum, und strebt mit illegalen und brutalen Mitteln nach Macht in Gesellschaft und Staat.
In der sizilianischen Gesellschaft ist die Gewalt ein akzeptiertes soziales Regulativ in den sozialen Beziehungen, ein normales Mittel zur Interessensdurchsetzung und somit ein Masstab für Ansehen und Ehre.
Die Zentren befinden sich in Palermo und Corleone.

Unter der Mafia-Herrschaft verübte Corleone von 1944-1948 153 Morde. Von 1963-1958 verlor Corleone 1,3% der Bevölkerung durch Mordfälle. Mafiaclans bekämpfen sich dabei zum Teil auch gegenseitig.
So wurden im „Grossen Mafiakrieg" 1980 durch die Corleoner Mafia 300 der Palermoner Mafia-Mitglieder ermordet.

Die Mafia hält ihr Machtmonopol stetes mit brutaler Gewalt und Morden von Mitarbeitern der Anti-Mafia-Bewegung aufrecht.
„Mafiafirmen" verschaffen sich durch Einsatz von Gewalt und anderen illegalen Aktivitäten enorme Wettbewerbsvorteile.

Ihre Mitglieder werden in die Politikkreise infiltriert, um sich so politische Vorteile zu sichern.
Mafia existiert auch in andern Ländern, so zum Beispiel in Russland, China und den USA; siehe unter **1994**, Seite 206.

B) Machtstreben von Religionsinstitutionen

In vielen Religionen sind Manipulationen zu eigens erfundenen
Glaubenssätzen und Dogmen ein perfektes Mittel, Menschen
durch Angsterzeugung zu binden; sie unfrei zu machen, um die
Macht in Händen halten zu können.
Abtrünnige würden von Gott durch Fegefeuer oder gar ewiger
Höllenverdammung bestraft.

Bedeutend ist die Tatsache, dass die heutige Christenheit ver-
wirrt, gespalten und unfähig ist, für ein echt Gott gefälliges
Leben der Menschen etwas zu tun.

Man kommt nicht umhin festzustellen, dass die Christenheit in
der Vergangenheit unfähig gewesen ist, Gottes Vorsehung der
Erlösung für die heutige Menschheit zu erfüllen.

Zu derart propagierten Unwahrheiten sagt zum Beispiel
Oliver Hosenkamp :

>*»Immer wieder behauptete Unwahrheiten werden*
>*nicht zu Wahrheiten, sondern*
>*— was schlimmer ist —*
>*zu Gewohnheiten.«*

♦ **Der Vatikan** :

Diese Institution hat sich im Laufe der Jahrhunderte
Verbrechen zu schulden kommen lassen,
die mit christlicher Grundhaltung nicht vereinbar sind.

◆ Opus-Dei

Opus-Dei ist ein ultra konservativ katholischer Orden, der den
Einfluss des traditionellen Katholizismus auf die Gesellschaft
stärken will. Es ist ihr propagiertes Ziel, die Gesellschaft zu in-
filtrieren und als „Elite Gottes" auch Machtpositionen in Politik und Wirtschaft anzustreben.
Der Orden entstand seit den 1940er Jahren. Ihr Gründer Escriva
wird mit Abraham und Christus auf eine Stufe gestellt; d.h. er
soll auch einen Bund mit Gott geschlossen haben. Er sei ein von
Gott geschaffenes Instrument zur Rettung der katholischen
Kirche. Der 1965 verstorbene Escriva wurde vom Papst 1992
selig, und 2002 heilig gesprochen.

Mit Hilfe von Opus-Dei werden in aller Welt kritische Bischöfe
gegen konservative Bischöfe ausgetauscht.

1947 schuf der Vatikan diese Institution als säkuläres Institut.
Trägerorganisationen sind anonyme Stiftungen und Banken,
gesteuert von Opus-Dei-Mitgliedern; sh. **1983**, Seite 206.

Kritisch ist vor allem die sektenähnliche Struktur zu sehen, in
denen die internen Mitglieder des Opus-Dei leben. Darin zeichnet sich Opus-Dei durch ein **mafioses Verhalten** aus, gekennzeichnet durch eine Geheimniskrämerei, die der „omerta"
(schweigen) der Mafia nahekommt. Anwendungen der Opus-
Dei kommen den Methoden von Seelen- und Gehirnwäsche
gleich. Methoden des Opus-Dei sind z.B.:
◆ psychische Methoden zur Unterwerfung; - totalitäre Kon-
trolle; - Sexualitätsfeindlichkeit; - sexistischer Patriarchis-
mus (Frauen sind minderwertig); - masochistische
Züchtigungen.

Bekannt wurde Opus-Dei durch Finanzskandale, ausgelöst durch
„Finanzkredite in Wirtschaftsunternehmungen, so Skandale von
Maresa, Rumasa, und dem Banco-Ambrosiano-Zusammenbruch.

C) Die Rothschild-Dynastie :

Die Rothschild-Dynastie baute unter Nathan Rothschild von Grossbritannien aus, ein grosses Schmuggelnetz auf, mit dem er Waren auf den Kontinent brachte und weitertransportierte.
So stieg er zum wichtigsten Financier der britischen Regierung auf.
Er nutzte eine unter Geheimhaltug erhaltene Geldsumme des Kurfürsten von Hessenkassel für erfolgreiche Spekulationen.
Er organisierte 1813 einen Plan zur Finanzierung der britischen Truppen in Spanien und sicherte 1814 die finanzielle Versorgung der britischen Truppen im Süden Frankreichs.
Mittels organisiertem Insiderwissen konnte er die Wechselkurse in Kriegen zu seinen riesigen Finanzgewinnen ausnutzen.
So war die Rothschild-Dynastie im Interesse eigener grosser Finanzgewinne einer der politisch einflussreichsten Kreise auf unserem Kontinent.

Weitere unten aufgeführte Informationen bietet hierzu
Julius H. Barkas in seinem Buch „Pyramide der Wahrheit"
und dessen umfangreichem Quellen-Verzeichnis
(ISBN 3-938-62903-7, Sandalphon-Verlag).

Das Buch veröffentlicht, dass die Nazis mit Hitler komplett von der Familie Rothschild und deren Freunden finanziert wurden, dass die englische Zentralbank heute offiziell unter
„N.M.Rothschild and Sons" geführt wird, die amerikanische Zentralbank heute zu 53 % in Händen der Rothschild's liegt und die deutsche Bundesbank von den Rothschild's geführt wird.

Im weiteren zeigt das Buch auf, dass die grossen Medien-Unternehmen Bertelsmann und Springer von den Rothschild's dominiert sind. Die Medien RTL, Super RTL, VOX, Radio NRW und Antenne Bayern gehören zu Bertelsmann. Springer ist beteiligt an SAT1, Pro7 und Kabel 1.
Die Zeitungsverlage Deutschlands befinden sich im Gros im Besitz der beiden Mediengiganten Bertelsmann und Springer.

So beherrsche heute die Dynastie Rothschild ausser ihrer Finanz-
macht die Medienlandschaft, und vermöge so heute die Gefühle
der Medienkonsumenten zu lenken, beziehungsweise zu beeinflussen. Laut Gesetz herrscht nach aussen die Meinungs- und
Pressefreiheit. Dem ist leider auf Grund der erwähnten
Informationskontrolle nicht so. Da wird zum Beispiel die Geschichte allgemein von den Siegern geschrieben; Tote selbst
schreiben keine Berichte mehr. Die Geschichte zeigt so der
Allgemeinheit ein verzerrtes, von den an der Macht stehenden
Siegern zurechtgebogenes Gesicht.

So bekennt zum Beispiel **John Swainton**
Herausgeber der **New York Times** :

*„Eine freie Presse gibt es nicht. Sie, liebe Freunde wissen das,
und ich weiss es gleichfalls. Nicht ein einziger unter ihnen
würde es wagen, seine Meinung ehrlich und offen zu sagen.
Das Gewerbe eines Polizisten ist es vielmehr, die Wahrheit zu
zerstören, geradezu zu lügen, zu verdrehen, zu verleumden, zu
Füssen des Mammon zu kuschen und sich selbst und sein Land
und seine Rasse ..... wieder und wieder zu verkaufen.*

*Wir sind Werkzeuge und Hörige der Finanzgewaltigen hinter
den Kulissen. Wir sind die Marionetten, die hüpfen und tanzen,
wenn sie am Draht ziehen. Unser Können, unsere Fähigkeiten
und selbst unser Leben gehören diesen Männern.*
Wir sind nichts als intellektuelle Prostituierte. "

Mitglieder, Nachkommen, Zuverwandte und Begünstigte der
Rothschild-Dynastie verteilen sich heute gemäss der Buch-
veröffentlichung von J.M.Barkas in Bankführungen, Medien-
gewerben und massgebenden Politkreisen und verfügen damit
über ein umfassendes, nach aussen anonym, schwer erkennbares
Machtimperium.

D) Machtkreise allgemein

In unserer Welt existieren grosse finanzielle, politische und religiöse Machtkreise (Grossbanken, internationale Agrarkonzerne, Medienmächtige, Glaubensimperien etc.), mit dem Ziel der Beherrschung weltlicher Strukturen mit korrupten und verbrecherischen Methoden und Vorgehen.

E) Machtstreben einzelner Nationen

Auf Grund von Vorteilen, welche einzelne Nationen durch ihre Vorkommen von Erdschätzen wie Oel, Gas, Uran, Gold, Silber, Kupfer und anderen Erzen besitzen, besteht die Gefahr, dass solche Nationen beherrschende Einflüsse auf andere Staaten ausüben.

Damit besteht auch eine mögliche Tendenz, dass eine kriegsstarke Nation ein erdschatzreiches oder andere begehrte Schätze besitzendes Land besetzt, in seine politische Abhängigkeit zwingt und ausraubt.

Allein schon das Ziel zur Vergrösserung eines Reiches und seiner Macht, oder einem anderen Land seine Religion und Ideologie aufzuzwingen, führen immer wieder zu Kriegen.

Eines der markantesten Beispiele aus der Geschichte ist die Ausrottung von Indianerstämmen in Amerika.

Ein Beispiel unserer neuesten Zeit ist die Besetzung Iraks durch die USA ab **1999.**

Die USA begründet dies mit der fadenscheinigen Behauptung, dass Irak unerlaubterweise für den Bau von Atombomben forsche.

Diese Behauptung konnte aber nicht bewiesen werden.

Schriftstellerin Arundhati Roy schreibt dazu :

„ Unser Widerstand muss mit der Zurückweisung der Legitimität der US-Okkupation Iraks beginnen. Das bedeutet Handeln, um es dem Imperium unmöglich zu machen, seine Ziele zu erreichen. Es bedeutet, Soldaten sollen sich weigern zu kämpfen, Reservisten sich weigern, eingezogen zu werden. Arbeiter sollten es ablehnen, Schiffe und Flugzeuge zu beladen. Es bedeutet auch, dass wir in Ländern wie Indien und Pakistan die Pläne von US-Regierung zum Scheitern bringen müssen, indische oder pakistanische Soldaten in den Irak zu schicken. "

Es gibt sowohl in älterer wie auch in neuerer Zeit stets solche Beispiele (siehe auch „Auszug aus der Weltgeschichts-Chronologie" im **Anhang II**) :

Fremdlandbesetzungen:	4000 vor Chr. / 3. Jh. v.Chr.(Römer) / 5.Jh. nach Chr. / 487 n. Chr. / 1204 / 1812 / 1870 / 1914-1918 / 1939-1945 / 1950-1953 / 1964-1975 / 1991 / 1999.
Sklavenbeschaffungen:	4000 vor Chr. / 3.Jt. v.Chr.(Ägypten) / 3.Jh. v.Chr.(Römer) / 218-201 v.Chr. / 209 v.Chr. / 58 bis um 50 v.Chr. / 5.Jh.n.Chr. / 1450-1900 n.Chr. / 1861-1865 n.Chr.
Aneignung fremder Bodenschätze:	3.Jt. v.Chr. / 209 v.Chr. / 4.Jh.n.Chr.

Albert Schweitzer`s Stellungnahme dazu:

»In einer Zeit, wo Gewalttätigkeit in der Lüge gekleidet, so mächtig wie noch nie auf dem Throne der Welt sitzt, bleibe ich dennoch überzeugt, dass Wahrheit, Liebe und Sanftmut, die Gewalt sind, welche über aller Gewalt sind.«

F.) Terrorismus und Rechts-Extremismus

Sie führen eine Art Krieg ohne öffentlich staatliche Legitimation. Leidtragend ist meist die zivile Bevölkerung. Erpresserische Handlungen sind mit speziellen Forderungen an Staaten oder internationale Organisationen verbunden. Diese Menschenrechts verletzenden Aktionen sind aufs schärfste zu verurteilen.

Leider muss man aber auch feststellen, dass eigennützige, asoziale Politik, staatliche Agressionen, wie unter den Abschnitten D) und E) aufgeführt, zu einem stets wachsenden Gefälle zwischen arm und reich, und in der Folge zu Terrorismus führen.

Staaten und internationale Organisationen reagieren meist mit kriegerischer Gewalt, Verfolgungen, geheim gehaltenen Gefangenenlagern und mit Folterungen an gefassten Terroristen
(Beispiel: Gefangenenlager Guantanamo).

Anstrengungen zu Verbesserungen von sozialer Politik, Vermeidung von staatlichen Agressionen, Unterdrückung und Ausnützung einzelner Volksschichten, sind spärlich und werden von weltlichen Finanzmächten, wie unter Abschnitt 6.6 erwähnt, abgebremst und verhindert.

Folterungen haben nur das Ziel, geheime Informationen zu bekommen oder als Racheakte und Abschreckung. Sie sind nur Nahrung zu Rekrutierungen im System von Gewalt, ein nie endender Gewaltskreis.

Auch gibt es Staaten, welche im grossen Stil terroristisch handeln. Ein Beispeli zeigt uns der Ausrottungsterror von **1917**
(siehe **Anhang II**) in der Sowietunnion.

Michael Knape, Leitender Polizeidirektor, Berlin schreibt dazu:

*„Mit Rechtsextremisten ist nicht zu spassen. Es sind Gewalttäter, die
vor nichts zurückschrecken, wenn sie auch nur die Chance haben.
Sie müssen sich einmal die Musik anhören. Und wer solche Lieder
singt und so etwas verbreitet, der wird auch vor dem letzten Schritt
nicht zurückschrecken, und Menschen niederschlagen und
zusammenknüppeln. Und da muss ich Ihnen sagen :*

Da bin ich gerne kleinlich.
Wenn das kleinlich ist,
bin ich sehr gerne kleinlich. "

Auch hier täte es Not,
keinen Aufwand zu scheuen
um den Gründen des Entstehens von
Rechtsextremismus mehr nachzugehen,
und damit dieses Übel an der Wurzel zu bekämpfen.

----

7. Wem gehört diese Welt ?

Ein Grossteil der Themen, an welchen wir uns im täglichen Leben orientieren, zeigen moralisch negative Vorbilder. Dazu gehören Spielfilme und Theaterstücke mit in streiterischer oder hysterischer Art geführten Sprachszenen. Themen sind Intrigen, betrügerische Machenschaften, Ehebrüche und egoistische Ränkespiele.

Politische Diskussionen und Meinungswerbungen in Medien und Veranstaltungen animieren zu in persönlichen Eigeninteressen liegenden Stellungs- und Parteinahmen. In religiösen Themen werden für Schule und Öffentlichkeit dogmatische Irrlehren suggeriert, nur Religionsgeschichte behandelt. Aber kaum Ethiklehre. Erziehung und Bildung richten sich nach weltlichen Wertmassstäben. Dies mit Bestnotentaxierungen für weltliches Wissen, Fertigkeiten und Sportleistungen.

Unser Augenmerk ist ausgefüllt mit Alltagsorientierung und Frei-zeiterleben. Liebschaftsgeschichten, schnulzige Gesangsdarbietungen, Lustspiele mit fragwürdigem Humorinhalt und vielerlei „feucht-fröhliche" Feste lenken ab von wertvolleren Lebensinhalten, sinn-vollen Freizeitgestaltungen und erhebenden Unterhaltungen.
Dies bedeutet nicht, dass wir nur ernste Miene haben, und keine lus-tige Unterhaltung pflegen dürfen. Freude und gesunder Humor gehö-ren zu einem erstrebenswerten Leben. Echter Humor ist auf eine Art auch göttlichen Ursprungs. Sicher liegt es in der Entwicklung des Einzelnen, welche dieser Möglichkeiten er bevorzugt.

Die Versuchung zum Konsum von fragwürdigen Unterhaltungen und Ablenkung ist gross. Wer den Sinn des menschlichen Lebens kennt, empfindet auch, dass Ablenkungsunterhaltung gemäss den negativen Beispielen an einem wertvollen Lebensinhalt vorbeisteuern. Solches liegt auch nicht im göttlichen Willen. Dies liegt aber in Bestrebungen und Einflüssen des göttlichen Widersachers, dem Herrscher dieser Welt. Unsere Medien sind ihm ein willkommenes Einflussinstrument.

Wir sind uns dieser Tatsache zu wenig bewusst.
Es gilt als ein Tabu zu fragen :

„ Wem gehört diese Welt ? „

Im weiteren stellen wir fest :

Die in den Kapiteln 5 und 6 festgestellten Grundübel und deren
Folgen zeigen in erschreckender Weise, wie die irdische Welt den
Reichtum, das Ansehen und die Herrschaft liebt **G 55**.

Dies steht im Gegensatz zu dem, was das geistige Reich, die
Jenseitswelt mit ihrer göttlichen Ordnung und ihren Gesetzen
(siehe **G** im **Anhang I**) liebt:

**Tugenden von Wahrheit, Gerechtigkeit, Güte,
Hilfsbereitschaft und Treue.**

Wir Christen kennen den Meister, der diese Tugenden vorgelebt hat.
Wir kennen aber auch den Meister dieser irdischen Welt und was er
mit seiner Herrschaft zu bieten hat, dass diese Welt unmöglich ein
Paradies sein kann, weil sie ein Prüfboden für den Menschen bleiben
muss. Wer das begriffen hat, wird nicht mehr so viel eifern und
kämpfen; und wenn, dann mehr mit sich selbst als gegen andere.

Die Schule ist Vorbereitung auf das Leben, die Prüfungen sind nur
Durchführungen, nicht Ziel, und unsere Erde nicht der Ort unseres
wahren Glücks, auch wenn heute aus mancherlei Quellen ein neues,
helleres Zeitalter angekündigt wird.
Die Unterschiede zwischen dem was die irdische Welt liebt und den
Anstrengungen für eine tugendhafte Lebensweise sind zu gewaltig.

Die Herrschaft der irdischen Welt versucht stets mit List die Bestrebungen zu geistigen Tugenden zu unterdrücken.
Die Menschheit wird in die Irre geführt, weil die Tore der Welt des
Bösen offenstehen. Luzifer wurde das Recht belassen, seine Knechte
auszusenden, um die Menschen in Versuchung zu führen.

So spielt sich auf dieser Erde ein geistiger Kampf zwischen Gut und Böse ab. Der Mensch steht mitten drin und stellt sich entweder auf die Seite Luzifers oder er stellt sich auf die Seite Christi, wo Liebe, Güte, Vergebung, Nachsicht, all die Tugenden sich entfalten können.

Denn aus Hilfsbereitschaft und Gerechtigkeit erwachsen dem Menschen für sein irdisches Leben nicht unbedingt Vorteile, sondern oft Schaden. Sie vermögen mit ihrem Wahrheitsstreben und ihrem Gerechtigkeitssinn nicht durchzudringen.

Andererseits leben viele Menschen nur dem Augenblick, denken nicht an die Zukunft, und fragen nicht nach dem „Woher und Wohin ?".

Die irdische Welt ist eine Welt der Versuchung. Sie gehört nicht Kreisen von tugendhaft lebenden Menschen.
Dies im gleichen Sinne, wie Christus sagte :

»Diese Welt hat nichts von mir«   *Joh. 14,30*
 und
»Der Menschensohn besitzt nichts auf dieser Welt,
er weiss nicht einmal,
wo er sein Haupt hinlegen könnte«   *Matt. 8,20.*

Diese Worte sind geistig zu verstehen. Damit wollte Christus sagen: Ihm gehört diese Welt nicht !
Sie war geschaffen worden, damit der Mensch sich bewähre.
Sie ist nicht sein Eigentum, nicht sein Reich. So sagte er:

»Mein Reich ist nicht von dieser Welt«;   *Joh. 18,36*

aber geschaffen wurde diese Welt für den seelisch geistigen Aufstieg des Menschen. Er soll, weit entfernt von Gott, auf dieser Erde, aus tiefer Überzeugung und mit einem Gott gefälligen Leben, seinen Glauben erweisen.

„Wem die Welt gehört" zeigt mit aller Deutlichkeit die mühsame Lehrtätigkeit Christi in seiner menschlichen Lebenszeit, wo er dauernd den Angriffen und Verfolgungsabsichten von Pharisäern, Schriftgelehrten und dem Widersacher ausgesetzt war, im besonderen während seinem Leidensweg.

Das durch Satan an Christus veranlasste Leid nach der Verurteilung Christi war nicht nur ein körperliches, sondern vor allem ein furchtbares seelisch-geistiges Leid. Ein vielseitiges Leid wie es noch nie ein anderer Mensch zuvor oder auch in späteren Zeiten erfahren musste. Ein eindrückliches Zeichen dafür

wem unsere irdische Welt gehört.

Wenn Menschen leiden, fragen sich viele :

„Warum lässt unser allmächtiger Gott solches zu ?"

Wenn man weiss, dass unser irdisches Dasein eine von Gott verordnete „Schule" ist, dann versteht man auch, dass die von ihm geplante Lernmöglichkeit nur möglich ist, wenn wir die Tugendhaftigkeit durch Übung und Bewährung in dieser Welt voller schlechten, satanischen Einflüssen erarbeiten müssen;

das heisst in einer irdischen Welt, dessen Herrschaft Gott dazu, in einem vorgesetzt begrenzten Rahmen, dem göttlichen Widersacher überlässt. **G 49**

Diese Erkenntnis tut weh, aber beinhaltet den gnadenvollen Schulungs- und geistigen Entwicklungsweg, mittels der von Gott gegebenen eigenen Denk- und Vernunftsmöglichkeit, und dem freien Willen (**G 39**), ins göttliche Reich zurück zu finden. In dieser Aufgabe sind wir durch die göttlich geistige Welt (Engelswelt, Schutzengel) vor Angriffen der satanischen Kräfte abgeschirmt und geschützt. Je mehr der Mensch ein Gott gefälliges Leben führt, desto stärker und nachhaltiger wird ihm solcher Schutz zuteil . Die satanischen Kräfte zielen vor allem auf Menschen ab mit einem Gott gefälligen Leben (**G 29-31**).

Die irdische Welt, in der sich ständig Böses auswirkt, so viel Unheil immer wieder in Erscheinung treten kann, ist für den Menschen von Gott speziell geschaffen worden. Hier kann der Mensch den Beweis erbringen, gegen alles Böse fähig zu sein, Gott gefällig zu denken, zu wirken und zu leben.

Wenn der Mensch voller Sorgen, voller Betrübnisse ist, so wird er dies tragen können und dazu Trost finden, wenn er einen Gottesglauben hat. Trost bekommt er durch sein Wissen, dass Christus mit seiner leidvollen Erlösungstat dem Menschen die geistige Freiheit des Himmels zurück erkämpft hat und aus der Knechtschaft wieder zur Kindschaft Gottes gerufen ist.

----

8. Die Ueberwindung der Grundübel

8.1) Gegen Neid und Eifersucht

Der erste Anstoss zur Überwindung des Bösen, des Leides und der Not kann nur von jedem einzelnen Menschen ausgehen.

Von den Siegen, die der einzelne über das Böse erringt, können sich dann Impulse ausbreiten über Gemeinschaften, Einrichtungen und Ordnungen, welche zum Guten anregen und ihm dienen.

Beispiele sind hier im **Abschnitt 8.5** aufgeführt.

Um Neid umfassend aus der Welt zu schaffen, verbleiben uns Menschen die folgenden unausweichlichen, dringenden Forderungen :

♦ Der Glaube an Gott und seine weitsichtig, individuell vorgegebenen Geschenke von Talenten, Fähigkeiten und Begüterungen, für eine optimal mögliche geistig seelische Entwicklung jedes einzelnen Menschen **G 19.**

♦ Erkennen der Talente und Fähigkeiten und deren Nutzung nach bestem Wissen und Gewissen **G 16.**

♦ Hilfe an den Nächsten zur Erfüllung seiner Talente und Fähigkeiten **G 28.**

8.2) Allgemeine Tugendforderungen :

In der Bergpredigt nennt uns Christus Tugenden, die zur

Ueberwindung der Grundübel   unumgänglich sind **G 14**.

Es sind dies im Sinne des Gebotes

»Liebe Deinen Nächsten wie Dich selbst«:

♦ Liebet Eure Feinde; **G 22-25 und 69**		*Math. 5,39*
♦ Frieden;		*Math. 5,9*
♦ Ehetreue;	**G 43**	*Math. 5,27*
♦ Sanftmütigkeit;	**G 63**	*Math. 5,5*
♦ Gerechtigkeit;	**G 26-28 und 59**	*Math. 5,6*
♦ Barmherzigkeit;		*Math. 5,7.*

Die göttliche Hife für eine Rückführung der einst Gefallenen.

Wie der von Gott für die Rückführung der gefallenen Wesen geschaffene Plan zeigt, ist die leidvolle „Schule" über das „Jammertal Erde" eine Notwendigkeit zum sicheren Erfolg;

siehe Seiten 40-43 / **G 46-47 und 59**.

Damit diese Rückführung beschleunigt werden kann und unnötige Entwicklungsstillstände unterbunden werden, wird Gott innerhalb seiner Weisheit und Allmacht in die irdischen Geschehen eingreifen.

8.3) Wahrheitstreben durch eigenes Denken

Zum Denken brauchen wir wieder Klarheit. Dies schaffen wir nicht durch Träumen oder kurzfristiges Nachsinnen -
dazu müssen wir aufwachen.
Gelingt es uns, neben dem zerschnippelten - materiellen Denken, ein wärmendes und anschauendes gesamtheiltliches Denken zu entwikkeln und zu entfalten, dann könnte sich der Mensch in der heutigen Gesellschaft erneuern. Durch das „eigene Denken" müssen wir die Geistige Welt erschliessen, das Denken muss ins Wollen übergehen.

Das Christentum ist durch Wirkung und Bewegung entstanden, nicht durch die Lehre allein. Wer sich auf das Christentum gedanklich nicht vorbereitet, kann es nicht erschliessen.
Wenn das Wahrheitsstreben durch das eigene Denken nicht erwacht, kommt es zu einer Kultur, wie wir sie heute haben.

8.4) Kenntnis und Beachtung der „Geistigen Gesetze", G13

Die im **Abschnitt 8.1**) erkannten Forderungen zur Vermeidung von Neid und Eifersucht sind für ein Lebensverhalten gemäss den im **Abschnitt 8.2**) genannten, von Christus in der Bergpredigt gelehrten Tugendforderungen, unumgänglich. Diese erhellen den tieferen Sinn der schon bekannten »**Zehn Gebote Gottes**« G 1-10.

Christlich verantwortlich fühlende und handelnde Menschen, welche sich an den von Christus versprochenen „Geist der Wahrheit" wenden, werden von demselben ausführlich über die diesen Tugendforderungen zu Grunde liegenden *„Geistigen Gesetze"*, als göttliche Richtlinien belehrt. (sh. Hinweise in **Abschnitt 4.1**, Seiten 110-113).

So sind die im **Anhang I** aufgeführten *„Geistigen Gesetze"* G auf medialem Weg vom „Geist der Wahrheit" empfangen worden.
Dem ernsthaft bemühten Christ ist ein zusätzlicher Schlüssel zu einem Gott gefälligen Leben gegeben. Die 69 aufgelisteten Gesetzmässigkeiten können dem Menschen für jede Jahreswoche mindestens je ein Satz zum Nachdenken dienen.

Als weitere Quelle für ein eingehendes, lückenloses Verständnis von
Christi Botschaft, seiner „**Herrenworte**" und seiner „**Gleichnisse**"
ist das Buch

„Neue Erkenntnisse zu Leben und Wirken Jesu"

zu empfehlen: vom ABZ-Verlag, Zürich; ISBN 3 85516 004 X
(Kapitel VII : Herrenworte / Kapitel VIII : Gleichnisse)
.

8.5) Beispiele christlich- edler, menschlicher Vorbilder

Neben den umfangreichen Übeln, Nöten und Erschwernissen in
unserer Welt dürfen wir die vielen edlen Bestrebungen von überaus
positiv und ethisch - vorbildlichen Mitmenschen nicht vergessen.
Einige Beispiele seien hier speziell aufgeführt. Dazu gehören auch
die mehr als neunzig ab 1901 bis heute mit dem Friedensnobelpreis
(Erhaltung des Friedens) ausgezeichnete Preisträger.

Erinnert sei hier auch an folgende humanitär gewirkte Mitmenschen:

♦ *John Locke,* **1632 - 1704**, von England, Philosoph und Pädagoge.
Er erreichte die Aufnahme der Unverletzlichkeit der Menschen-
rechte in die englische Verfassung,
dies speziell auch für die Kindererziehung.

♦ *Johann Heinrich Pestalozzi*, **1746-1827**, von Zürich;
Volksbildner und Sozialreformer.
Ursprünglich war sein Ziel die Absolvierung einer landwirtschaft-
lichen Lehre. Als gut ausgebildeter Gutsherr gedachte er gegen die
bestehende Armut und den Bildungsmangel der Landbevölkerung
wirken zu können. Nach ökonomischen Schwierigkeiten richtete
Pestalozzi in seinem Gut eine Armenerziehungsanstalt ein, um als
Lehrer und Erzieher im Sinne eines Selbsthilfeprogrammes einen
Beitrag zur Linderung von Not, besonders gegen das harte Los
von Verdingkindern *) leisten zu können.
*) Kinder, welche nicht in ihrer eigenen Familie leben, und als
nicht zu entlöhnende Arbeitskräfte bei Fremden leben müssen.

Ohne Unterstützung von vermögenden Kreisen war dieses Projekt
nach fünf-jährigem Versuch zum Scheitern verurteilt. Mit schrifstellerischer Tätigkeit schaffte er sich einen Nebenerwerb. Seine
Themen waren zum Teil kritische Analysen zu den politischen und
sozialen Verhältnissen, gegen die Verteufelung der Sinnlichkeit
und die „heuchlerischen Sitten" der damalig führenden
Gesellschaftskreisen.

Nach dem Übergreifen der französischen Revolution auf die
Schweiz um 1798, und der äusserst blutigen Niederschlagung des
Nidwaldner Widerstandes, gab es viele Kriegswaisen. Auf Beschluss der Nidwaldner Regierung errichtete Pestalozzi für die bis
80 Kriegswaisen in Stans ein Armenhaus ein. Dort wirkte er als
Lehrer und Erzieher. Leider wurde diese Anstalt durch die Regierung nach sechs Monaten schon wieder geschlossen. Die
folgenden 26 Jahren widmete er sich als Lehrer und Autor mit
seiner revolutionierenden, pädagogischen Methode des Elementarunterrichtes in verschiedenen Schulen.
In den nächsten Jahrhunderten haben weithin Sozialreformer seine
neue gesellschaftliche Schul- und Bildungsmethode angewendet.
Siehe auch Bericht im Kulturmagazin „MUSEION 2000,
Heft 3, Jahrgang 2000.

Pestalozzi fasste seine Grundgedanken zur Menschenbildung mit
folgenden Worten zusammen:

*»Die Kunst Mensch zu sein, Mensch zu werden und Mensch zu
bleiben, die Kunst, den Menschen menschlich zu machen,
so gut als diejenige, ihn menschlich zu halten, diese Kunst {...}
ist gottlos nicht zu finden. Sie ist da, sie war da, sie wird wieder
da sein. Ihre Grundsätze liegen unauslöschlich und
unerschütterlich in der Menschennatur selbst.«*

♦ *Abraham Lincoln,* 1809 - 1865, von Hodgenville
   Präsident der USA von **1861 - 1865**. Trotz stärkster Gegnerschaft
   setzte er die Abschaffung der Sklaverei durch.
   1865 wurde er von einem Rassenfanatiker erschossen.

♦ *Jean Henry Dunant (1828-1910)*
Durch sein grosses, selbstloses Engagement für die Belange der
Humanität wurde Henry Dunant zum Wegbereiter der Mensch-
lichkeit.
Siehe auch Bericht im Kulturmagazin „MUSEION 2000".
Heft 6, Jahrgang 2001.

1849 gründete er die erste Hilfsgesellschaft „Réunion des Jeudis"
(» Donnerstag-Vereinigung «).
Ihr Ziel war, sich in christlicher Nächstenliebe für die sozial
Schwächsten einzusetzen, ihnen in ihrer Not finanziell zu helfen.
1855 wirkte er als treibende Kraft mit an den uneigennützigen
Satzungen des neu ins Leben gerufenen, weltweiten Bundes des
CVJM. Seine Einsätze in der Aufbauarbeit, mit unzähligen
Reisen hierfür, finanzierte er ganz aus den eigenen Taschen.
1859, am 24.Juni, traf Henry Dunant unversehens auf das an
diesem Tag stattgefundene Schlachtfeld von Solferino, eine Stätte
unvorstellbaren Grauens. Er vergass dabei sein Anliegen, für das er
den Kaiser Napoleon III. aufsuchen wollte. Als Zivilist widmete er
sich zwei Wochen lang voller Inbrunst und Anteilnahme, mit allen
erdenklichen Hilfemöglichkeiten, wie Pflege, Transporte und
Organisation von Notlazaretten.
1862 veröffentlicht er auf eigene Kosten sein Buch
„Un souvenir de Solferino", mit der Schilderung des sinnlosen
Schreckens der Schlacht von Solferino. Nach vielen Konsultationen
bei Regierungen, Fürsten, Militärs und Gelehrten in mehreren
europäischen Städten warb er für die Schaffung einer internationalen Hilfsorganisation zum Schutz und zur Pflege von Kriegs-
verwundeten. Am 29.Oktober, **1863** erreichte er die Bildung des
internationalen Komitees vom *Roten Kreuz (IKRK)*.

♦ *Mahatma Gandhi*, *1869-1948*,
von Porbandar, auf der Halbinsel Kathiawar,
des heutigen indischen Gliedstaates Gujarat.
Trotz ständigen behördlichen Verfolgungen und alltäglichen Demütigungen seitens der Briten und Buren setzte er sich mittels
gewaltlosem Kampf gegen Rassenkriminierung in den britischen

Kolonien Afrikas, den burischen Freistaaten am Kap und gegen die
Unberührtheit im hinduistischen Kastenwesen der indischen
Gesellschaft ein. Damit kämpfte er in Indien auch gegen die Ver-
heiratung von Kindern, die an Sklaverei grenzende Missachtung der
Frau und dem weit verbreiteten religiösen Fundamentalismus.

Siehe auch Bericht im Kulturmagazin „MUSEION 2000",
Heft 3, Jahrgang 2004.

1893 Gandhi gründet in Pretoria eine Vereinigung von Indern gegen die systematisch, abwürdigende Haltung der Kolonialisten und
kämpft gegen ein für Inder rechtsentmündigendes und diskrimi-
nierendes „ indisches Wahlrecht ,,.

1894 Gandhi ruft zur Unterstützung der in Pretoria gegründeten
Vereinigung den „Natal Indian Congress" ins Leben.
Gandhi entwickelt

1906 unter dem Namen „Satyagraha" (Streben nach Wahrheit) ein
auf Selbstachtung und Selbstbeherrschung gründendes Konzept
eines gewaltfreien oder bürgerlichen Widerstandes.

1907-1913 Gandhi wird von der britischen Polizei wegen
Satyagrahaaktionen mehrmals verhaftet.

1910 Gandhi organisiert in Indien den sogenannten „Hartal", ein
gewaltloses, überwältigendes Aufbegehren gegen rassenkriminie-
rende staatliche Anordnung und für eine staatliche Unabhängigkeit.
Die Briten tätigten dagegen in Amritsar ein Massaker bei dem 379
Menschen, auch Frauen und Kinder getötet und etwa 1200 verletzt
wurden.

1930 Gandhi organisiert gegen das britische Salzmonopol den
„Salzmarsch", der sich zu einem Triumpfzug entwickelte. Die Bri-
ten verhaften etwa 100'000 Inderinnen und Inder. 1931 mussten die
Briten Gandhi und die Mitverhafteten wieder frei lassen.

1948, 12.Januar; Gandhi ruft zu Frieden zwischen den verschiedenen religiösen Gruppierungen Indiens auf und unterstreicht dies
mit einem Fastenstreik. Nach sechs Tage wurde die Friedensreso-
lution unterzeichnet.
Am 30. Januar wird Gandhi von einem Hindufanatiker erschossen.

♦ *Albert Schweitzer, 1875-1965 aus Günsbach im Elsass.*
Er war Doktor der Philosophie, Dozent für Theologie und Musiker
und dabei ein tiefgläubiger, äusserst ernsthafter Christ.
Seine Lebenshaltung spiegelt sich in den Worten :

*» Das Wesen des Guten ist: Leben erhalten, Leben fördern,
Leben auf seinen höchsten Wert bringen.
Das Wesen des Bösen ist: Leben vernichten, Leben schädigen,
Leben in seiner Entwicklung hemmen. Das Grundprinzip der
Ethik ist also Ehrfurcht vor dem Leben.«*

1905 entschloss er sich 30-jährig Medizin zu studieren um
anschliessend in Äquatorialafrika als Arzt tätig zu sein.
1913 gründete er das Urwaldnegerspital in Lambarene, Gabun in
Äquatorialafrika. Mit seinem dort über 50-jährigen unermüdlichen
und bedingungslosen ärztlichen Einsatz erlangte Albert Schweitzer
Weltberühmtheit: ein grosses christliches Vorbild.
Siehe auch Bericht im Kulturmagazin „MUSEION 2000",
Heft 6, Jahrgang 1999.

♦ *Thomas Woodrow Wilson, 1856 - 1924,* von Staunton, im
amerikanischen Südstaat Virginia. Als Präsident der Vereinigten
Staaten von Amerika von 1913 bis 1921 erreichte er ein Verbot
der Kinderarbeit und die Einführung des Frauenstimmrechtes.
Er kämpfte für ein friedvolles Zusammenleben in der Welt.
1919, nach dem Ersten Weltkrieg wurde gemäss Wilsons
Vorschlag, der Völkerbund gegründet.
Siehe auch Bericht im Kulturmagazin „MUSEION 2000",
Heft 1, Jahrgang 2003.

Sein Lebenswahlspruch hiess :

*» Wir werden nicht in diese Welt gestellt,
um als Wissende stille zu sitzen,
sondern um zu handeln.«*

----

9. Eingriffe Gottes zum Lebenswandel von uns Menschen

Gott, als Schöpfer des unendlichen Weltalls und unserer Erde ist auch Herr über alle Entwicklungs-, Natur- und Funktionsgesetze.
Dazu gehören die uns bekannten Naturgeschchen, deren Gesetze und auch ihre für uns extrem schmerzhaft zu erleidenden Naturkatastrophen, wie Vulkanausbrüche, Erdbeben, Tsunamis, Sintfluten, Taifune und grosse Epidemien etc.   *Mark. 13,7-8 / Luk. 21.11*

Das alles liegt damit im weiten Sinne und gesetzmässig im Willen und der Macht Gottes.
Wer das nicht erkennt, kann nicht an eine Allmacht Gottes glauben.
Diese Zusammenhänge stehen in den ständigen, unaufhörlichen Bemühungen und Erbarmen des Schöpfers, diese Gesetzgebungen zur geistigen Entwicklung des Menschen einzusetzen.

Das Hauptziel der Schöpfung ist die ethisch reine Aufwärtsentwicklung des seelisch geistig unvollkommenen Menschen.

Leider ist dies nur durch schicksalschwere Daseinseingriffe möglich.
Die alten Schriften der Bibel deuten solche Erreignisse als „Strafen Gottes".
Wenn man die unendliche Liebe und Geduld unseres Schöpfers begreift, wäre es falsch, solche Geschehnisse, wie im Alten Testament ausgedrückt, als Reaktionen eines „Erzürnten Gottes" zu deuten. Für den Menschen hart scheinende Ereignisse dienen nur zu seiner besseren und schnelleren geistig seelischen Entwicklung !

Der Mensch kann, wenn er die ihm mitgegebenen Lebensaufgaben nicht erfüllt, von Gott aus seinem gegenwärtigen Leben abberufen werden. Er wird durch **Wiedergeburt** in ein neues Lebensdasein berufen (siehe Seiten 40-43).
In solchen Fällen geht es also dem Schöpfer darum, einen feststellbaren geistigen Entwicklungsstillstand oder Entwicklungsrückschritt abzubrechen.

Anschliessend wird, im Jenseits, unter einer geistigen Führung eine Lebensrückschau und Beurteilung stattfinden, die eine Erkennung von Erfolgen einerseits und Fehlverhalten andererseits zum Ziele hat; und damit auch ein Einsehen des Betroffenen erwirkt. Mit Planung eines Neuanfanges kann in der Folge eine Wiedergeburt, mit entsprechenden Aufgaben und geistigen Erfolgszielen, in ein neues Erdenleben erfolgen **G 36**.

Diese Entwicklungsabläufe mittels Schicksalsschlägen geschehen in der Menschheitsgeschichte auch immer wieder mit ganzen Menschengruppen oder gar Völkern. Die Weltgeschichte gibt viele Beispiele.

9.1) Naturkatastrophen noch vor der Neuzeit

♦ Die **Sintflut** ist eines der ältesten, aus der Bibel bekannten Beispiele. Bis um 9000 vor Christi hat sich die Menschheit im Gebiet von Mesopotamien und dem persischen Golf in einer derart Gott fremden Weise entwickelt, dass eine neue, geistig bessere Volksentwicklung nur durch Abberufung aller zugehörigen menschlichen Wesen mit nachfolgenden Wiedergeburten erreicht werden konnte.
Diese im Interesse eines mit neuen ethischen Erfolgszielen möglichen Neuanfanges bewirkte Gott mit Hilfe von Naturgesetzen. Eine nachhaltige globale Erwärmung führte im Laufe von wenigen hundert Jahren zu einer höheren Schneegrenze, verheerenden Niederschlägen, Ueberschwemmungen, Wirbelstürmen und Flutwellen, schliesslich um **8500** vor Christi zur Sintflut im Schwemmgebiet von Euphrat und Tigris. Für den geplanten Neuanfang hat der Schöpfer den gottestreuen Noah zu dessen Ueberleben zum Bau einer Arche angewiesen.
Damit war die Wegbereitung für einen besseren „Neuen Menschen" geschaffen.

Siehe: 1.Mose Kap.6 und weiter; Sir. 40,10; 44,17;
Mat. 24,38-39; Luk. 17,27; 2.Pe 2,5.

♦ Ein weiteres Beispiel zeigt die biblische Geschichte über den **Turmbau zu Babel,** um **8400** vor Christi, zur Zeit Israels und der Assyrer. *Siehe: Jes. 13,19; 14,22; 21,9-10.*

♦ Ueber den **Untergang von Sodom und Gomorrha** (um **2200** vor Christi) berichtet die Bibel von einem weiteren Eingreifen Gottes gegen ein sündhaftes Volk. Offenbar wurde Sodom und Gomorrha durch einen Regen von Schwefel und Asche eines Vulkanausbruchs vernichtet. *Siehe:1.Mose 19,1-28; 5.Mose 29,23-28; Jes. 13,19; 2.Pe 2,6-7.*

♦ Die Bibel zeugt noch von vielen anderen Fällen, in denen der Schöpfer dem gottlosen, sündhaften Tun eines Volkes ein Ende gesetzt hat (siehe Kapitel 11, **Anhang II**).

♦ Die Bibel zeigt aber auch, dass Gott bei Naturkatastrophen gemäss obigen Beispielen, Menschen in solchen Gebieten, die entgegen dem stattgefundenen, sündhaften Treiben, ein Gott gefälliges Leben führten, vor dem Katastropheneintritt, zu ihrer Rettung, herausgeführt hat.

9.2) Naturkatastrophen der Neuzeit

Aus den Zeiten nach Christi kennen wir über 50 übergrosse Katastrophen wie:
Erdbeben, Vulkanausbrüche, Zyklone, Hurikane, Tsunamis, Überflutungen, Hungersnöte und Pestkrankheiten mit Hekatomben von „Todesopfern".
Beispiele siehe auch im Kapitel 11. **Anhang II**, Auszug aus der Weltgeschichtschronologie.

Literarische Berichte über Naturkatastrophen der Neuzeit, sowie grösseren Unfällen auf Land, Wasser oder in der Luft, zeugen immer wieder, wie Menschen, für sie im Moment unerklärlich, wie von einer göttlichen Hand geführt, an ihrem vorerst am Katastrophenfall vorge-sehenen Dabeisein gehindert und damit davor verschont wurden.

9.3) Die Theodizeefrage und deren Problemkreise

Das letzte grosse Ereigniss, der Tsunami von **2004,** zeigt der Christenheit erneut, wie machtlos der Mensch durch Leidereignisse der Welt heimgesucht werden kann..

Erklärungsversuche zur Theodizeefrage.

Gemäss MEYERS GROSSES TASCHENLEXIKON versteht man unter der Theodizeefrage den Versuch einer **Rechtfertigung Gottes** angesichts des von ihm zugelassenen Übels, des Bösen und Leidens in der Welt. Bei derartigen Katastrophen neigt der Mensch oft dazu an der Gerechtigkeit und Güte Gottes, oder an seiner Existenz zu zweifeln.
Dies auf Grund der Tatsache, weil es dem Menschen an tieferem Wissen und Verständnis über

Ursachen, Ziel und Sinn der Schaffung der Menschheit und der Schöpfung fehlt.   (Siehe die Erläuterungen im 1.Buchteil).

Es ist begreiflich, dass Goethe, der zum Zeitpunkt der Erdbeben-katastrophe von Lissabon (**1755**) sechs Jahre alt war, sich über Gott und die Erklärungsversuche von Gottesfürchtigen, Philosophen und Geistlichen Gedanken machte, selbst nach Antworten suchte.
In der Beschäftigung mit dem eigenen Leben schrieb er um 1811 in seinem Werk :

» Aus meinem Leben : Dichtung und Wahrheit 1,1 «:

» Der Knabe, der alles dieses wiederholt vernehmen musste war nicht wenig betroffen. Gott der Schöpfer, Erhalter Himmels und der Erden, der in der Erklärung des ersten Glaubensartikels so gnädig und weise vorgestellt wurde, hatte sich, indem er die Gerechten mit den Ungerechten gleichem Verderben preisgab, keineswegs väterlich erwiesen.

*Vergebens suchte das junge Gemüt sich gegen diese Eindrücke
herzustellen, welches überhaupt um so weniger möglich war, als
die Weisen und Schriftgelehrten selbst sich über die Art, wie man
ein solches Phänomen anzusehen habe, nicht vereinigen konnten.«*

Innerhalb des damaligen christlichen Glaubens rang ein bedeutender
Teil der Intelektuellen, Philosophen, Naturwissenschaftler und
Künstler vergeblich um eine Antwort auf die Frage nach dem Sinn
des Universums und den Ursachen des Übels.

Grundsätzlich sucht die Theodizeefrage Antworten auf folgende
Problemkreise:

Als Erstes   **Der Grund und die Rechtfertigung Gottes
zu derartigen Katastrophen.**

Zweitens,   **Warum werden die „Gerechten, Unschuldigen"
gleich den „Ungerechten"
dem Verderben preisgegeben ?**

Zum Dritten : **Wie steht es mit der Verhältnismässigkeit der
durch Katastrophen hervorgerufenen
Schicksalen, Leiden und Nöten zum bösen
Lebenswandel von Menschen?**

Es ist daher nicht verwunderlich, dass viele Menschen vom
Zusammenhang der Schöpfung und dem göttlichen Heilsplan keine
Ahnung haben, und deshalb in Glaubensfragen desorientiert sind.

Diese Frage beschäftigte schon viele Wissenschaftler,

z.B. **Gotthold Ephraim Lessing** (1729-1781), Schriftsteller,
Kritiker und bedeutenster Vertreter der deutschen Aufklärung .

Er zeigt mittels seiner Schrift :

» Die Erziehung des Menschengeschlechts « (1780) auf,

dass »*die Weltgeschichte, als eine Offenbarung Gottes, die
Erziehung des Menschengeschlechts fördert und dieses bis zu
einer ethischen Vollendung führt; wobei jeder einzelne diesen
Entwicklungsprozess persönlich durchlaufen muss*«.

Lessing erkannte dabei, dass dies nur durch eine Wiedergeburt des
Menschen (§ 93) erreicht werden kann (sh. Seiten 40-43) und **G 36**.
Zum rechten Verständnis sagt **Lessing :**

*»Auf diese Weise nimmt das Übel konsequenterweise
im Laufe der Vollendung ab,
um endlich völlig zu verschwinden*«*!*.

Entgegen der in der Bibel erklärten **„Wiedergeburt"**, im Sinne eines
irdischen Wiedergeborenwerdens, interpretiert die Kirche fälschlicherweise die biblischen Offenbarungen als rein religiös erneuerte
Lebenshaltungen während dem momentanen Erdenleben..

Nach dem Ursprung des Bösen konnte Lessing zu seiner Zeit keine
Antwort finden. Deshalb wurden seinen Erkenntnissen über die
Wiedergeburt keine Beachtung geschenkt.

Es blieb unbeantwortet, weshalb der allmächtige, gütige Gott ein so
„miserables Geschlecht" geschaffen hatte, das zu seiner Vervoll-
kommnung zuerst eines so mühsamen, schmerzlichen Entwicklungs-
prozesses bedürfe. Auch hatte man keine Erklärung dafür, woher das
Schlechte im Werk des vollkommenen Schöpfers kommt.

Die Unwissenheit über das **„Woher und Wohin"** ist schuld daran,
dass die Allgemeinheit die Macht des Bösen als den Herrscher
unserer irdischen Welt nicht erkennt **G 19**.

Es verwundert nicht, wenn der in der Bibel geschilderte Sündenfall des Menschen einerseits, und dem Engelssturz anderseits, von der weltlichen Kirche falsch ausgelegt wird, und die Menschen deshalb bei diesen Fragen keine Ahnung über die Zusammenhänge zwischen den Schöpfungsursachen und dem von Gott geschaffenen Heilsplan besitzen (siehe Seiten 38-40).

Der von der „Kirche" als rein geistig seelisch erneuerte Lebenshaltung interpretierte Sinn, der in der Bibel gelehrten „Wiedergeburt" ist ein möglicher Lernprozess innerhalb des leiblich irdischen Wiedergeborenwerdens, beispielsweise nach dem Erleben von Katastrophen. Die vom Menschen als Leid empfundenen Geschehen sollen dem Fortschritt seines geistig ethischen Denkens und Handelns, und damit seinem seelischen Heil dienen.

Christian Morgenstern hat den Satz hinterlassen:

»Es gibt für Unzählige nur ein Heilmittel - die Katastrophe«.

Not und Leid verursachende Schicksalsschläge sind keine Negativzeichen für das Leben, sondern wollen positive Zeichen setzen.
Die quälende **Warum-Frage** muss zum **Wozu** werden, um nicht an der vermeintlichen Sinnlosigkeit des Leidens, der Not und des Bösen zu verzweifeln.

Über die letzte Naturkatastrophe schreibt das
Kulturmagazin „GEOEPOCHE" :
♦ **2004, 26. Dezember : Tsunami.**
„ »Die Erde aber war wüst und öde, Finsternis lag auf der Urflut«,
so wird im 1. Buch Mose die Erschaffung der Welt beschrieben,
und so war es am Morgen des 26. Dezember 2004 an den Gestaden des indischen Ozeans.
Nur dass diesmal nicht die Welt erschaffen wurde, sondern
unterging, überschwemmt und zermalmt von einer Woge, die mit
ungeheurer Gewalt auf die Küsten traf und den Menschen an den
Stränden , in den Häusern und Strassen kaum eine Chance zur
Flucht liess. "

Mehr als 300 000 kamen um, und als sich die Massen
zurückgezogen hatten, waren eine Million ohne Obdach,
bedeckten Trümmer und Schutt die Erde,
waren die Städte und Dörfer öde und wüst.

♦ Die in den Abschnitten 9.1) und 9.2) erwähnten Beispiele sind nur
wenige von sich stets immer wieder erfolgenden
Naturkatastrophen, welche meist kleinere oder grössere
Menschheitsregionen heimsuchen.

Wir kommen zurück auf die in der Theodizeefrage enthaltenen
Problemkreise :

Zum Ersten : Wo liegt der Grund und die Rechtfertigung Gottes
zu derartigen Katastrophen ?

Diesen Katastrophen fühlt sich der Mensch machtlos ausgeliefert. Die
Fortschritte in Wissenschaft und Technik, vermögen nicht die völlige
Sicherheit und Beruhigung vor Ausbrüchen der Natur und deren
Katastrophen zu bringen.

Die Gefahr, das Leben zu verlieren, empfindet der Mensch als das
grösste Unglück, das ihm passieren kann; speziell dann, wenn er in
der Vorstellung lebt, dass er erst seit seiner menschlichen Geburt als
eigens bewusstes Wesen existiert und sein menschliches Dasein ein
sich nicht wiederholendes Leben sei.

Mit einem anders lautenden Wissen, nämlich, dass für ihn dieses
Erdenleben nur eine winzig kurze Daseinsphase eines geistig ewigen
Lebens ist, verliert die Sicht, über ein irdisches Ableben in ein nicht
irdisches Weiterleben, fast völlig seine Tragikgrösse.

Das tragische Empfinden besteht dann lediglich in der Tatsache der
plötzlichen Trennung von Angehörigen, freundschaftlichen Kontakten und irdischem Reichtum und Wohlergehen.

Die grosse Chance nach einem von Gott vorgesehenen Ableben für
einen neuen Anfang, mit neu angepassten Zielsetzungen und Vor-
gaben und neuen Kräften soll so für den Betreffenden heilsam
werden. Solche Chancen gibt Gott auch kollektiv, wo notwendig an
ganze Völker- oder Menschengruppen.
So ist die Rechtfertigung Gottes in dieser Frage für uns einfache
Menschen verständlich und nicht zur Verzweiflung führend.

**Zu Zweitens : warum auch die „Gerechten, Unschuldigen"
gleich den „Ungerechten" einem Verderben
preisgegeben werden.**

Hier geht es um die Beurteilung von Gerechten und Ungerechten. Wir
Menschen betrachten dabei das Verhalten der Betroffenen nur nach
ihrem jetzigen Leben. Es entgeht uns jedoch die Sicht über deren ver-
gangenes Daseinsverhalten innerhalb der Zeiten vor dessen jetzigen
Leben und dem dabei errungenen geistigen Entwicklungsstand.

Die Einsicht in diese seit Urzeiten begonnene, persönliche Entwicklung, dem Grad der Verschuldung beim Geisterfall (sh. Seiten 35-36)
und eine vorhandene Kollektivschuld, sind uns verborgen.
Diese Beurteilung liegt allein bei den im Auftrage Gottes stehenden,
mit diesen hohen, geistigen Fähigkeiten und Wissen ausgestatteten
Führungskräften (Engeln).

**Zum Dritten : Wie steht es mit der Verhältnismässigkeit der
durch Katastrophen hervorgerufenen
Schicksalen, Leiden und Nöten zum ungerechten,
bösen Lebenswandel von Menschen?**

Mit der Kenntnis über den „Fall der Geister" innerhalb der für unser
menschliches Vorstellungvermögen unfassbar grossen Himmels- und
Engelswelt können wir kaum erahnen in welchen Dimensionen und
welchem Ausmass von Gegensätzlichkeiten sich dieses Geschehen
ereignete.

Das Geschehen des „Falles der Geister", bei dem eine unvorstellbare grosse Zahl aus den Himmeln gestürzt wurden, sind die irdischen Naturkatastrophen kleine Geschehen. Für die bei irdischen Katastrophen ums Leben kommende ist dies meist ein ganz kurzes Leidenserlebnis in ein neues Dasein mit neuen Anfangschancen. Die für Hinterbliebene entstehenden Nöte gesundheitlicher oder materieller Art können nur als gottgegebene Prüfungen verstanden werden. Sie fordern uns zu entsprechender Besinnung und zu positivem Denken. Das seelische Leid beim Verlust von Angehörigen und Bekannten ist verständlich, sollte aber, auf Grund von religiösen Erkenntnissen über die weitere Entwicklungmöglichkeit des „Heimgegangenen", überwunden werden.

Viele griechische Denker des Altertums haben diese Zusammenhänge erkannt. So schrieb zum Beispiel Sokrates im zweiten Buch seines Werkes „Staat 380":

».... dass der Gottheit Werk gerecht und gut... nur dem Menschen zum Nutzen gereicht...und durch die Strafe dem Menschen Hilfe von der Gottheit zuteil werde. «

Allgemein : Auf Grund der Erkenntnisse

♦ über den freien Willen aller göttlichen Geschöpfe,
♦ über den Geisterfall durch Ungehorsam gegen Gott,
♦ über die Erlösung durch den Heilsplan,
♦ über die Wiedergutmachung,
♦ über die Wiedergeburt mit mehrfachen Erdenleben,

ist die Theodizeefrage beantwortet ! (sh. Seiten 38-40)

Die Geschichte zeigt auch, dass sich schon im frühen Christentum namhafte Philosophen wie Sokrates, Platon, Origenes und Gelehrte der im zweiten Jahrhundert gegründeten Christenschulen in Alexandria und Caesarea mit dem Thema der Theodizeefrage auseinandersetzten.

In ihren Erkenntnissen haben sie nicht nur die irdischen Erscheinungen und Verhältnisse, sondern auch die geistigen Gesetzmässigkeiten vor und nach den wahrnehmbaren Erscheinungen mit einbezogen und so diese Frage ganzheitlich ergründet und verstanden.

Deshalb wussten sie, dass die Wurzeln des Übels und des menschlichen Leidens nicht bei Gott, sondern durch den folgenschweren Missbrauch mittels des von Gott gegebenen freien Willens, bei den Menschen selbst liegen.

Dazu sagt Sokrates im zweiten Buch seines Werkes „ Staat 380b" :

> » **Mit aller Kraft muss man gegen den Satz ankämpfen,
> dass Gott der immerdar Gute, schuld sei an dem Übel,
> das einen betroffen !** «

Durch das Studium des geistigen Inhalts der biblischen Schriften des Alten wie auch des Neuen Testamentes vermochten sie dem Ursprung des Übels und dem Leid den richtigen Sinn zu geben.

Der Glaube an Gott enthält, wenn uns Menschen auch oft nicht verständlich, dass alle Geschehen irdischer Katastrophen eine Ursache und einen Sinn zur schnelleren geistig positiven Entwicklung haben und damit nur zum Guten für die Menschen führen.

*Andernfalls könnten wir nicht an Gott und
ein ewiges Leben der göttlich geschaffenen Wesen glauben.*

9.4) Das „Ende der Welt"

Ueber das **„Ende der Welt"** kursieren mancherlei verschiedene Auslegungen und Mutmassungen. Die einen argumentieren ein Ende der Welt infolge der langsamen Erkaltung der Sonne („Wärmetod"). Andere sehen hierfür eine mögliche Zerstörung der Erde durch die Menschheit, zum Beispiel durch Anwendung der Atombombe. Und andere glauben an ein strafendes Machtwort Gottes. Der gottgläubige Mensch muss erkennen, dass ein Ende der Welt nicht ohne den **Willen Gottes** geschehen kann. Denn Gott hat die Welt und die Menschheit nicht dazu geschaffen, dass sein Werk ohne seinen Willen, durch die von ihm geschaffenen Geschöpfe, zerstört wird.

Infolge der technischen Entwicklungen und Erkenntnissen über viele physikalische und chemische Gesetze denken viele Menschen hierüber so überheblich und argumentieren, solches liege in menschlicher Hand. Derartiges Denken wäre zu vergleichen, mit einer Annahme der (hölzerne) Pinoccio könnte seinen ihn handwerklich geschnitzten menschlichen Meister bezwingen.

Deshalb dürfen wir hier sicher einmal die Bibel konsultieren, was sie, beziehungsweise ihre göttliche Botschaft dazu aussagt.

Zürcherbibel (von Zwingli) und Lutherbibel
gebrauchen unter *Matthäus 13,37-42* folgende Wortlaute :

Vers 37
»Der den guten Samen sät, ist der Sohn des Menschen (Christus)«.

Vers 38
»Der **Acker ist die Welt**; der gute Same, das sind die Söhne des Reiches; das Unkraut sind die Söhne des Bösen«;

Vers 39
»der Feind der es aussät, ist der Teufel, die Schnitter sind die Engel«.

Der Satan, Luzifer übt über diese Erde, auf Grund der von ihm
geschaffenen Ursache, seine Herrschaft aus und darf dies in einem
ihm von Gott <u>gesetzmässig zugelassenen Rahmen</u> tun ..(sh. Kapitel 7)
...denn Gott selbst hält sich an die von ihm geschaffenen Gesetze
(Beweisfreiheit) !

Vers 40

»Wie man das Unkraut zusammmensucht und mit Feuer verbrennt,
so wird es **am Ende der Welt** sein«.

Vers 41

»Der Sohn des Menschen (Christus) wird seine Engel aussenden, und
sie werden aus seinem Reich alle sammeln, die ein Ärgeniss sind,
und die, welche tun, was wider das Gesetz ist, werden sie in den
Feuerofen werfen. ***Dort wird Heulen und Zähneknirschen sein.***«

Dazu wissen wir, dass durch viele Abschriften und unterschiedliche
Uebersetzungen seit den biblischen Urschriften die heutigen Bibel-
texte entstanden sind (sh. 1.Buchteil, Kap.4, allgemein zur Bibel).
Deshalb tut es not, den obigen Wortlaut mit verschiedenen anderen
Uebersetzungen zu vergleichen, um damit das richtige Verständnis zu
Christi Erläuterungen finden zu können.

Wir ziehen die zugehörigen Wortlaute aus fünf anderen
Bibelübersetzungen bei:

1.) Elberfelderbibel :   *Matt. 13,39*
   »Die Erde ist aber die Vollendung des **Zeitalters**; ...«"
   Der Begriff „**Zeitalter**" wird im
   Urtextwort mit „**Arion**" übersetzt.

2.) Uebersetzung von Dr. Heinrich Wiese, Stuttgart,   *Matt. 13,39*
   der Württembergischen Bibelanstalt :
   »Die Ernte aber ist das Endziel der „**Weltzeit**", ...«

3.) Bibel aus ältesten, englischen Handschriften ::   *Matt.13,39*
   » Die Ernte aber bedeutet ein „**Zeitalterende**" ....«

4.) Watch Tower Bible of New York :   *Matt. 13,39*
»Die Ernte ist ein Abschluss eines **Systems der Dinge** ..«

5.) Neues Testament von Johannes Greber :   *Matt. 13,39*
»....Der Augenblick der Ernte ist das Ende einer **„Zeitperiode",**
„Feuerofen des Leidens" «   *Matt. 13,42*
(Nicht die Verbrennung der Uebeltäter, sondern Läuterung).

In diesen hier aufgeführten Beispielen anderer Wortlautübersetzungen
ist nicht vom **„Ende der Welt"** die Rede, sondern von Enden verschiedener Zeitalter, Zeitperioden, Weltzeiten oder Abschlüssen von
Systemzeiten. Und wenn hier die Ernten erwähnt werden, so dies im
Zusammenhang des gleichzeitigen Sammelns des Unkrautes (sündige
Verhaltensweisen), das dann jeweils vernichtet wird. Hierzu wissen
wir aber, dass über das Gesetz der Wiedergeburt (Inkarnation) die
seelisch geistige Höherentwicklung des Menschen ermöglicht wird,
indem jeweils noch verbliebene, unvollkommene (sündige) Fehlverhalten (Unkraut) nach Ablauf jedes Lebensdaseins erfasst
(gesammelt) und innerhalb von Läuterungsphasen, je nach Fall leider
auch schmerzhaft (Feuerofen) überwunden und abgetragen werden
müssen (Heulen und Zähneklappern).

Zum Gesetz der Wiedergeburt sagt Goethe im
„Gesang der Geister über den Wassern":

»Des Menschen Seele gleicht dem Wasser;
Vom Himmel kommt es, zum Himmel steigt es,
und wieder nieder zur Erde muss es, ewig wechselnd.«

Der Wortlaut **„Feuerofen des Leidens"** gemäss dem Neuen Testament von Johannes Greber spricht nicht von einer Verbrennung der
Uebeltäter, sondern deren sündhaften Eigenschaften (Unkraut). Wir
wissen über die unendliche Liebe Gottes zu uns, dass sie nicht die
Vernichtung der sündhaften Seelen , sondern deren Rückführung zu
Gott will. Und dies soweit notwendig über viele Zeitperioden,
beziehungsweise „Weltzeiten" (sh. 38-43).

Denn nach Vernichtung der Uebeltäter selbst könnte ja kein
„Heulen und Zähneklappern" mehr eintreten ! --

Christus sagt :   *Joh.3,17*
»Ich bin nicht gekommen um zu richten, sondern um zu retten !«

Auch wird verkündet, dass Christus, durch seine Erlösungstat, die
Menschheit mit Gott versöhnt hat. Wie kann man Christus die Worte
in den Mund legen, am Ende der Welt würden die Bösen von den
Guten getrennt und dann ins Feuer der Hölle geworfen ?

Hier kann doch etwas nicht stimmen !

Auf Grund dieser Erkenntnisse über den wahren Sinn des Textes
Matt.13,38-41 wird auch offenbar, wie der falsche Wortlaut
„Ende der Welt" irreführende Interpretationen verursacht.

Zum Beispiel wird bei einigen christlichen Gemeinschaften die irrige
Ueberzeugung vertreten, dass am **„Ende der Welt"** eine Vernichtung
von verbliebenen Uebeltätern stattfinden werde, dies sogar durch
einen **„Weltuntergang"**.

Wir wissen jedoch, dass Gott Welt und Erde als Mittel zur Rückführung der aus dem göttlichen Bereich Gefallenen geschaffen hat,
und dass damit auch der Urheber und Anführer des göttlichen Ungehorsams einmal den Weg zur seelischen Reinheit und göttlichen
Gehorsam wieder, als einzig, übrigbleibende, richtige Lösung,
erarbeitet und gefunden haben wird **G 50**.
Vorher kann nicht von einem **„Ende der Welt"** gesprochen werden.

So viele als Katastrophen, oder menschliche Tragödien bezeichnete
Geschehnisse sind schon geschehen. Wir können diese Beispiele im
Sinne der unterschiedlichen Bibelübersetzungen (*Matt.13,39*) als
Geschehnisse verschiedener **„Zeitalter oder Weltzeiten"** verstehen,
welche jede auch ihre Ernte im göttlichen Sinne brachten und noch
bringen werden.

Das bedeutet, dass der ursprüngliche Text zu *Matt. 13, 39* nur wie folgt verstanden werden kann :

„Bis zum Ende der Welt -
und das ist eine lange Zeit -
werden die Engel Gottes bereit sein,
die Guten und die Bösen
zu trennen.- und nicht
„Am Ende der Welt".

Bei diesen jeweiligen Trennungen werden die Bösen so oft zur weiteren „Schulung „ und geistigen Aufwärtsentwicklung, zur Sühne und Wiedergutmachung geführt, bis alle Gefallenen zu ihrer einstigen Reinheit und göttlichem Leben zurückgefunden haben.

Das wird das
„Ende der Herrschaft Luzifers"
und damit die glückliche Zeit des
„Endes der Welt" sein ! --

----

10. Schlusswort :

Alle diese Erkenntnisse zeigen uns zusammenfassend, dass unsere Erde von Gott zum Zwecke einer „Schule" für den Menschen geschaffen wurde.
In dieser „Schule" werden die Menschen auf kürzeren oder längeren Wegen die Wiedergutmachung ihrer Belastung und ihres Ungehorsams gegen Gott und die Ausheilung ihrer selbst verschuldeten Unvollkommenheiten einst erreichen **G 53**.
Es geht primär nicht um die Besserung der Welt selbst; denn diese wächst nur mit der geistigen Heilung des Menschen.
Sobald die Rückführung aller gefallenen Wesen vollendet ist, braucht es diese irdische Welt nicht mehr.

Die Weltverbesserung geschieht nur durch die geistig ethische Höherentwicklung des Menschen : **»Näher mein Gott zu Dir !«**

Die Mittel zu dieser Entwicklung zeigen uns einerseits die Apelle und Vorbilder der von Gott inspirierten Propheten, das Leben und die Lehren von Christus (siehe Kap. 8) und die von Christus versprochenen und gesendeten **„Geister der Wahrheit"** (sh. Seiten 61-64).

(Mat. 24,35; Mark. 13,31 und Luk. 21,33,
sowie Joh. 14,13-18; 14,26 und 15,26)

Aus diesen Quellen kommen auch die **„Geistigen Gesetze G 1 - 69".** Deren Studium zeigt den Weg und die Wahrheit.

Neben der Beachtung dieser geistigen Gesetze lehrt uns auch die geistige Welt (Geist der Wahrheit) die Kraft und Notwendigkeit des täglichen, innigen Gebets und der besinnlichen Medidation **G 21**, (sh. Seiten 68-78).

Dieses Gebet hilft nicht nur unserer seelisch geistigen Entwicklung, sondern soll auch ein kollektiver Beitrag zur ethischen Entwicklung der Menschheit und aller von Gott gefallenen Mitschuldigen sein.

Die uns dabei helfende Engelswelt schöpft daraus Kraft und den unterstützenden Segen für Frieden, Freiheit, Gerechtigkeit und damit für die durch Gott und Christus ermöglichte Wiedergutmachung in der Ordnung Gottes.

So besteht für den Menschen in der Bewährungsprüfung seines Erdendaseins die Notwendigkeit, mit freiem Willen die eigene Entscheidung über „Gut und Böse" zu finden (siehe Seiten 46-60).

Das Recht der bösartigen Beeinflussung wird jedoch vom Widersacher Gottes in einer überaus raffinierten Weise praktiziert.

Die in diesem Buch aufgeführten, zahlreich vorhandenen Grundübel sind nur möglich durch dessen Beeinflussungsmöglichkeiten auf den Menschen.
Unsere Erde steht in der Hauptsache unter der Herrschaft des Widersachers. Siehe auch Kommentar zu 3.5) Seite 207.

An uns liegt es, trotz allen Schwierigkeiten, durch Beachtung der göttlichen Gesetze, ein christlich edles Leben zu führen, um unsere ursprüngliche Reinheit wieder zu erreichen, und damit wieder würdig zu sein, für ein zurück gewonnenes Dasein in der göttlichen Himmelswelt.

Dazu ist es aber sehr hilfreich, wenn der Mensch die Wahrheit und die Tragweite des Sündenfalles und die Notwendigkeit der Wiedergeburt in die irdische „Schule" voll kennt und akzeptiert. Leider hat die wahre Botschaft der Bibel, seit dem Bestehen deren Urschriften, durch eigenmächtig verfälschende Änderungen der Schriftgelehrten und Pharisäer der Alttestamentzeit vieles von diesem Wissen und Wahrheitsgehalt verloren.

Das gleiche Schicksal erlebte die Bibel nochmals, nicht nur im Alten, sondern auch im Neuen Testament durch „Kirchenoberhäupter", hauptsächlich in den ersten Jahrhunderten des „Christentums".

Interpretationsprobleme beim Übersetzen, vorerst der Urtexte in andere Volkssprachen und später in neuere Landessprachen haben ebenfalls zu Sinnveränderungen oder gar Verlust von vielen grundlegenden, wertvollen Bibelbotschaften geführt.

Das betrifft vor allem Antworten über folgende religiöse Fragen :

♦ Weshalb hat Gott neben einer für uns unendlich grossen Jenseits-, bzw. Engelswelt eine irdische Welt als Daseinsebene mit einer Menschheit geschaffen ?

♦ Wie können wir Näheres erfahren über das „Woher und Wohin" des Menschen ?

♦ Was sind die tiefen Wahrheiten über Grund, Ziel und schluss-endlichem Erfolg von Lehrtätigkeit und vollbrachter Erlösung durch Christus.

Damit ist die Bibel als ursprünglich primäre Botschaftsquelle zu einer *sekundären* abgefallen. Durch eine neue Wahrheit wird der Mensch Gott kennen lernen, geistige Tatsachen entdecken und schliesslich feststellen, dass der fundamentale Zweck seines Lebens nicht auf die physischen, sondern auf die ewige, geistige Welt auszurichten ist. Eines Tages werden sich alle Menschen als Geschwister am gemein-samen Ziel in den himmlischen Bereichen treffen. Dies nachdem alle diesen „einen Weg" zurückgelegt, das heisst den bitteren Kampf zur Überwindung der menschlichen Unvollkommenheiten rückfällig-keitsfrei beendet haben; womit sie sich aus der chronischen Fins-ternis befreit haben, und im Lichte der neuen Wahrheit begegnen. Damit wird eine Welt entstehen, in der die Menschheit eine grosse Familie mit Gott und Christus als Mittelpunkt bilden. Es ist daher von grösster Bedeutung festzustellen, wie die sündige Geschichte der Menschheit begann, nach welchem Muster die Vorsehung der Wiederherstellung durchgeführt, und auf welche Weise sie vollendet wird.

Damit schliesst dieser zweite Buchteil mit der Antwort auf die Ausgangsfragen :
„Was und Warum ist diese Welt ?"/„Warum lässt Gott das zu ?"
Ich wünsche jedem Leser viel Mut zum oft nicht leichten Weg im Willen zu richtigem Leben, Beharrlichkeit mit stetigem Neubeginn, auch bei gelegentlichem Fallen in seine Schwächen, und viel göttliche Hilfe und Kraft in seinem ganzen Leben.

Zum Abschluss des Buches sei zu diesen Themen ein Gedicht widergegeben, das die mediale Frau **Hella Zahrada**, Berlin 1955, vom jenseitigen Dichter „**Ephides**" erhalten durfte:

Des Bösen Angesicht

Ihr würdet nicht so leichthin Böses denken,
erschautet ihr des Bösen Angesicht.
Ihr würdet euer Haupt betroffen senken
und schweigend ihm ein stummes Mitleid schenken,
das ferne ist von Rache und Gericht.

Ich sah des Bösen Augen einst im Spiegel.
Sein Antlitz, es war mein und es war dein
und trug noch auf der Stirne Gottes Siegel.
Es schlief, ich rief und löste so den Riegel
und liess das Böse ins Bewusstsein ein.

Auch Luzifer ist einstens rein gewesen.
Verzweiflung ist des Bösen tiefster Grund.
Das Böse dürft ihr hassen, nicht den Bösen.
Ihn hassen bindet, Liebe nur kann lösen.
Ein Wort der Güte spreche euer Mund.

Es ist das Böse unser aller Schatten.
Wir fliehn in Fernen und entfliehn ihm nicht.
Wir kämpfen lang vergeblich - und ermatten.
Dann wissen wir, was wir vergessen hatten,
und heben uns ins schattenlose Licht.

----

11. Anhänge

Anhang I: Geistige Gesetze

Siehe Abschnitt 8.4), Seite 159 **G - Nr. // Seite**

♦ **Die Schöpfung Gottes ist aus einer exakten** G 11//107+117
Ordnung heraus entstanden. Sie gilt nicht
nur für die Geschöpfe, sondern für Gott selbst,
sowie für Christus und alle Geister Gottes.

Sie alle halten sich an diese Ordnung
und an das Gesetz.

Es gibt keine Wunder, sondern Gesetze, die erfüllt
sein müssen. Gott erzeugt keine Wunder, denn
alles läuft nach den von ihm geschaffenen Gesetzen.

Die Gesetze Gottes sind bis auf den heutigen Tag G 12
unverändert geblieben. Wohl mögen geistige
Sphären sich verändern und verwandeln,
Gottes Gesetze hingegen sind unwandelbar.

♦ **Die von Gott geschaffenen Gesetze sind verbindlich** G 13//160
für die Menschen, für die Geister und für Gott
selbst. Es genügt nicht, nur die irdischen Gesetze
zu befolgen. Jeder Mensch muss die Gesetze Gottes
kennen und befolgen !

♦ **Es ist wichtig Gottes Wille zu erkennen.** G 14// 159
Gott entgegengehen heisst, seine Gesetze erfüllen,
seinen Willen befolgen und den Nächsten lieben
wie sich selbst.

Die zehn Gebote Gottes :　　　　　　　G 1-10 / 137, 160 u. 201
2.Mose 20,1; 5.Mose 5,1; Mat. 19,18

◆ **Du sollst keine andern Götter neben mir haben.**　　G 1

◆ **Du sollst dir kein Gottesbild machen.**　　　　　G 2

◆ **Du sollst den Namen des Herrn nicht missbrauchen.**　G 3

◆ **Sechs Tage sollst du arbeiten und am siebten Tage**　　G 4
sollst du ruhen, den Tag Gott weihen.

◆ **Ehre deinen Vater und deine Mutter,**　　　　　G 5
so dass du lange lebest.　　　　　　*Mat. 15,4*

◆ **Du sollst nicht töten.**　　　　　　　　G 6

◆ **Du sollst nicht ehebrechen.**　　　　　G 7// 137

◆ **Du sollst nicht stehlen.**　　　　　　G 8// 137

◆ **Du sollst nicht falsches Zeugnis reden**　　　G 9// 129;137
wider deinen Nächsten.

◆ **Du sollst nicht begehren nach dem Weibe**　　G10// 129;137
oder nach Gütern deines Nächsten.

◆ **Das oberste Gesetz, das allen Geschöpfen**　　G 15
gegeben worden war lautet :
„Gehorsam gegenüber Gott".　　　　*Mat 22,37.*

♦ **Göttliche Führung :**	Hinter unserem Tun steht eine wunderbare Führung.	**G 16 // 158**
	Der Gottesfunke erfüllt den Menschen mit Lebenskraft.	**G 17**
♦ **Wahrheit :**	Für die geistige Welt ist Wahrheit das oberste Gesetz. *Joh. 8,31-32 / 16,13.*	**G 18 // 138**
♦ **Glauben :**	Die Lebendigkeit des Glaubens muss wieder herbeigeschafft werden. Der Mensch muss sich wieder mehr interessieren für das geistige Leben; er darf nicht im irdischen Leben aufgehen und sich nur mit diesem beschäftigen.	**G 19 // 158 und 171**
♦ **Geistige, Ordnung :**	Man muss sich im Geistigen genau an die Ordnung halten. Tut er es nicht, kann er nicht vorwärts kommen. Wohl kann er eine gewisse Zeit diesen Ungehorsam zum Ausdruck bringen, aber nachher wird er gezwungen, sich dieser Ordnung zu fügen. Er muss auch seine Anweisungen von oben entgegenehmen , wenn er etwas unternehmen will, das über seine Kompetenzen hinausgeht.	**G 20**
♦ Im **Namen Christi**	zu Gott beten. (siehe Seite 69 ff.) Siehe auch die im »**Vater Unser**« enthaltenen geistigen Gesetze.	**G 21// 182**

♦ **Liebe,** **Wohlwollen :**	Jeder begegne Andern in Liebe und Wohlwollen. Liebe den Nächsten wie dich selbst. *Mat. 7,12 / 22,39.*	**G 22 // 159**

Nur auf dem Wege der Nächstenliebe   **G 23 // 159**
und auf dem Opferwege
empfängt man was man dem
andern schenkt und selbst
auch brauchen könnte.

Vollendete Liebe ist uneingeschränkt.   **G 24 // 159.**
Luk. 6,27-31.

Dies soll euch auf das grosse
und erhabene Gesetz hinweisen :   **G 25 // 159**
Liebe Gott über alles, und deinen
Nächsten wie dich selbst!
Tu ihm viel Gutes!   *Luk. 6,35-36.*
Mache ihm das Leben angenehm!
Belaste ihn nicht durch Worte!

♦ **Gerechtig-** In der Geistigen Welt wird jedem   **G 26 // 159**
  keit :   Einzelnen viel gegeben,
Wer in der Lage ist, etwas zu geben, ⎤
dem wird auch gegeben werden. |
Wer andern Freude bereitet, dem |
wird auch Freude bereitet,   ⎬ **G 27 // 159**
wer andere glücklich macht, |
der wird auch glücklich gemacht. |
Das ist Gottes Gesetz.   ⎦

Wer das Schicksal eines andern   **G 28 // 158 u.159**
mittragen hilft, dem wird sein
eigenes Schicksal gemildert
oder aufgelöst.

♦ **Geistiger** **Schutz :**	Sein Aufbau braucht viel Zeit und muss vom Menschen erworben werden.	G 29//156

Dieser Schutz wird im Rahmen des Möglichen gegeben. Im Moment aber, **G 30 // 156** wo der Mensch gegen das Gesetz handelt, vermag die geistige Welt nicht mehr wirksam genug einzugreifen.

Es sind die dienstbaren himmlischen **G 31 // 156** Wesen, die denen, die guten Willens sind, zur Seite stehen im Kampf gegen die Versuchungen. Sie sind das Gesetz Gottes und sie wollen den Menschen helfen und bewahren.

Waldemar Bonsels sagt aber dazu :
» Mit jeder hohen Forderung, die wir aufgeben, verlässt uns ein Engel «.

♦ **Göttliche** **Vergel-** **tung :**	Er lebte zur Ehre Gottes, und Gott wird an ihm vergelten, sowie an seinen Kindern und Kindeskindern.	G 32

♦ **Verge-** Deine Schulden sind dir vergeben, so wie
bung, du Andern die Schuld vergibst (Gebet von ⎤
Geben, Christus).Gott gibt, wenn ihm gegeben wird. ⎟
Erhalten : Wenn du vergibst , ist auch dir vergeben, ⎟
wenn du gibst, wird auch dir gegeben. ⎟
Nur auf dem Wege der Nächstenliebe, nur ⎟
auf dem Opferwege empfängt man das, ⎟
was man dem andern schenkt ⎬ **G 33**
und selbst auch brauchen könnte. ⎟
Gib, damit dir gegeben werden kann. ⎟
Vergib, damit auch dir vergeben wird ! ⎟
Mark. 11,25 ⎟
Wer auf dieser Welt dem andern vergibt, ⎟
dem wird auch im Himmelreich vergeben. ⎦

Umgekehrt : Ist man auf einen andern Men-   **G 34**
schen voller Neid und Zorn, weil er einem übel
mitgespielt hat, und vermag man ihm nicht zu
vergeben, dann bleibt nach dem geistigen
Gesetz dieser Groll in der Seele bestehen.

♦ **Säen**   Alles was der Mensch dem Nächsten tut,   **G 35 //118**
und   das fällt gesetzesmässig auf ihn zurück.
ernten,   *Mat. 25,34-40*
Was er versäumt, kommt ebenfalls wieder
auf ihn zurück. Mit den Kräften von oben
wird aufgebaut. Diese Kräfte gehen wieder
aufwärts. Sie dienen zur geistigen Vorwärts-
entwicklung, für das Gute, und die Menschen
verarbeiten diese Kräfte. Wenn Menschen mit
göttlichen Kräften arbeiten, bauen sie aufwärts.
Negative Kräfte arbeiten für die (verderbliche)
Tiefe. Ihr dürft nicht glauben, euer jetziges **G 36 // 118;119**
Erdenleben wäre das erste und das letzte.   **u.167;171**
Ihr werdet wiederkommen, und ihr werdet
im nächsten Erdenleben ernten, was ihr gesät
habt. Das ist Gesetz der Entwicklung, des
Aufstiegs (siehe Seiten 40-43).Siehe auch **G 42.**

Lösung und   Was auf Erden gelöst wird,   **G 37**
Bindung :   ist auch im Himmel gelöst, ...

♦ **Freier**   Die Freiheit der Geister, nach eigenem   **G 38**
Wille,   Willen unter Menschen zu wirken, ist in
einem gewissen Rahmen zugelassen.

Verant-   Der Mensch entscheidet aus sich heraus. ⎫
wortung,   Durch seinen freien Willen muss der   ⎪
Mensch die Verantwortung selber tragen. ⎪
Er soll die Verantwortung nicht andern ⎬ **G 39 // 124**
anlasten. Er muss als göttliches Wesen   ⎪ **und 156**
fähig sein, zu entscheiden, die Verant- ⎪
wortung selber zu tragen ⎭

Zwang :	Der Geist der Wahrheit darf keinen Zwang auf die Menschen ausüben.	**G 40**

♦ **Läuterung, Lösen :** Jeder muss sich selbst helfen, muss **G 41 // 124** sich selbst läutern und reinigen. Jeder muss seine Sünden im Feuer der eigenen Reue auflösen. Werdet vollkommen, wie der Vater vollkommen ist. *Mat. 5,48.*

♦ **Geschehen, Taten : Bild der Seele :** Eine Tat kann nicht ungeschehen gemacht **G 42** werden. Jeder zeichnet sich durch seine Taten selbst. Alles was der Mensch tut, ist fest gezeichnet, jede gute Tat und schlechte Tat. Schlechte Taten des Menschen bewirken einen Schatten, eine dunkle Form in seinem geistigen Feld (Seele). Sie bewirken eine Belastung. Mit guten Taten, in einem neuen Leben, können diese Schatten mit Licht überstrahlt und aufgelöst werden (Reinigung der Seele).
Im Buche des Lebens (Seele) eines jeden Menschen ist sein Verhältnis zu Gott aufge-zeichnet, sein Sprechen, sein Denken, ganze Gesinnung. Keiner der ins Jenseits kommt, vermag sich besser zu stellen als er ist. Die himmlischen Boten werden ihn erkennen.

♦ **Ehebruch :** Wer nach der Frau eines andern verlangt, **G 43 // 159** hat seine Ehe schon gebrochen *Mat 5,28.*

♦ **Wiedergut-machung,** Sie ist das Gesetz von Ursache und **G 44 //111** Wirkung : Wenn man sich in einem **und 119** Leben belastet , muss man im nächsten Leben alles wieder gutmachen, sh.Seiten 40-43.

Ein Mensch kann sich beispielsweise
gegenüber einem Mitmenschen so schwer
verschulden, dass der Geschädigte als
böser Geist von ihm im nächsten Leben
Besitz ergreifen darf (Besessenheit).

G 45

Karma, Ein schweres Karma führt gesetzmässig
zu einem schweren Schicksal.

G 46// 159

Prüfung : Alles, was in der Schöpfung Gottes
vorkommt, hat Sinn. Es hat seine Ursache,
wenn der Mensch seine Schuld aus früheren Leben auch wieder bereinigen muss,
siehe Seiten 40-43.

G 47 // 111
und 159

Es liegt in Gottes Weisheit und in den
von ihm ausgearbeiteten Gesetzen
verankert : Keiner soll wissen, was er
im letzten Leben gewesen ist.

G 48 // 120

♦ **Macht-** Als Christus nach seinem Sieg in der
bereich Hölle Luzifer die neue Gesetzgebung
Satans : auferlegte, ist ihm genau erklärt worden,
in welchem Umfang er weiterhin Macht
über die Menschen ausüben dürfe, dass
diese Macht jedoch begrenzt sei.

G 49 // 118
und 156

Auch Wesen, die in die Hölle zurück
gestossen wurden, haben laut göttlichem
Gesetz die Möglichkeit, sich aus ihr
herauszuschaffen, um ans Licht zu gelangen.

G 50 // 109
und 180

♦ **Wachs-** Langsames Wachstum in allem. Im
tum : Kleinsten muss wachsen, was sich im
Grossen entfalten soll. *Luk. 16,10.*
Auch die kleinen Dinge zählen im Leben.
Im Kleinen beginnt, was gross werden will.
Das ist ein göttliches Gesetz :

G 51 // 138

G 52

Durch vorbildliches Verhalten fliesst die
göttliche Kraft auf den Mitmenschen über und
entfaltet bei ihm das, was der hohe Geist besitzt.
Wenn man sich bemüht, göttliche Eigenschaften zu erwerben, fördert man damit das geistige
Wachstum.

◆ **Unvoll-**   Auf Erden kann Unvollkommenes   **G 53//182**
  kommen :   geschaffen werden.

◆ **Achtung**   Für geistiges Wirken soll man die Achtung   **G 54**
  gewinnen: der Andern gewonnen haben.

◆ **Reich-**   Auf Erden sammelt man sich den   **G 55 // 154**
  tum :   vergänglichen Reichtum an und
        wenn man ins Geistige kommt, kann
        man die Dinge nicht mehr los werden.
        Der Mensch bringt das hinüber, was er sich im Leben
        angesammelt hat, jedoch nicht materielle Güter,
        sondern geistige Güter.

Mat. 6,24 / 19,23-24. / Luk. 12,21.

◆ **Inkar-**   Man sucht für ein einzuverleibendes   **G 56**
  nation   Geistkind nicht nur ein Elternpaar aus,
        sondern mehrere (Sicherheitsvorsehung).
        Übereinstimmung zwischen Wunsch und   **G 57**
        Vorwärtsentwicklung ist Gesetz und Teil
        der göttlichen Ordnung.

  und   Warum kann das Verstorbene in der Geistes-   **G 58**
  Rück-   welt nicht gleich wieder jene Gestalt ein-
  kehr :   nehmen, die das Wesen vor der Vorbereitung
        für die Einverleibung als Mensch hatte?
        Solches ist aus gesetzlichen Gründen unmöglich.
        Das geistige Od ist vielfältig abgestuft, und diese
        Abstufung bedingt auch die Einreihung.

Auch in der geistigen Welt geht es nach Plan.
Also muss der odisch geistige Leib eines als
Kind gestorbenen in der geistigen Welt wieder
an Grösse zunehmen, bis es die Gestalt eines
erwachsenen Geistwesens hat.

Rückkehr von einst ungehorsamen Wesens-   G 59 // 159
heiten in den Himmel vollzieht
sich nach Gesetzen, in Ordnung und in Disziplin.

Eine verstorbene Seele kann nach Wunsch   G 60
in ihr irdisches Haus zurückkehren. Man
verhindert aber damit den geistigen Aufstieg.

♦ **Gnade** Die Gnade Gottes ist in dem Gesetz begrün-   G 61
  Gottes : det, das ein Ausfluss von Gottes Liebe und
  Gerechtigkeit ist.

♦ **Erhöhung,** Wer sich erhöht, wird erniedrigt,   G 63//159
  Ernied- wer sich erniedrigt, wird erhöht.
  rigung :   *Mat. 23,12   Luk. 18,14.*

♦ **Erste und** Die ersten werden die letzten sein,   G 64
  Letzte : die letzten werden dir ersten sein.
                              Mat. 19,30.

♦ **Reinheit :** Nicht den grössten Wert auf das   G 65
  Äussere, auf die äussere Reinlichkeit
  legen, sondern die innere Reinlichkeit
  pflegen, ist das oberste und höchste
  Gesetz des Menschen.   *Mark. 7,21-23.*

♦ **Vater** Was dem Vater gehört, gehört auch   G 66
  und Sohn : dem Sohne.   *Joh. 3,35.*
  Wer den Vater liebt, liebt Christus,
  wer Christus liebt, liebt den Vater.

♦ **Harmonie :** Ein harmonischer Mensch findet auch im ⎫
Jenseits die Harmonie. Nur dann kann ⎪
man von Harmonie sprechen, wenn man ⎪
sich gegenseitig respektiert, und die ⎪
Achtung vor der Persönlichkeit des ⎪
andern bewahrt. Das Gute wird gesetz- ⎪
mässig vom Guten angezogen, das ⎬ G 67
Schlechte hingegen vom Schlechten. ⎪
Gleiches zieht Gleiches an. Die Seele ⎪
hat ihre Anziehungskraft, sie ist ein ⎪
gewaltiger Magnet, der verbindet. ⎭

Menschen, die in der Niedrigkeit leben ⎫
sind mit der Niedrigkeit verwandt. ⎪
Der gehobene Mensch möchte doch ⎪
wieder mit seinesgleichen Freundschaft ⎬ G 68
pflegen. Wenn er bereit ist, sich so zu ⎪
öffnen und die Geisterwelt anzunehmen, ⎪
kann er gewiss sein, dass er dement- ⎪
sprechend von einem Geist Gottes ⎪
gestärkt und geführt wird. ⎭

Wenn Nächstenliebe, Güte und   G 69 // 159
Gerechtigkeit, den Becher der Liebe
leeren, dann leeren die Engel Gottes
auch deinen Becher des Leids. Leert
sich aber der Becher des Leids vor
dem Becher der Liebe, so wird der
erstere wieder gefüllt. Die Becher der
Liebe und des Leides müssen sich die
Waage halten. Sie müssen gleichzeitig
geleert werden, das ist Gesetz.

Anhang II: Weltgeschichtschronologie

Gemäss den heutigen Kenntnissen der Wissenschaft wird der zeitliche **Verlauf der Entstehung der Erde und des Lebens** bis zu den ersten Menschen (Adam und Eva) wie folgt angenommen:

Auszüge zu 3.1) Die ersten „Tage" der Urzeit bis „von Adam und Eva" auf Erden
Gemäss Angaben aus dem Kulturmagazin „MUSEION" 2000).

Vor zirka	**18 Mrd.**	Jahren :	Beginn der Entstehung des uns sichtbaren Weltalls.
Vor zirka	**13,7 Mrd.**	„ :	Erste Sterne entstehen.
Vor	**4,6 Mrd.**	„ :	Entstehung von Erde und Sonnensystem.
Vor zirka	**3,4 Mrd.**	„ :	Erstes Leben im Wasser .
Vor rund	**540 Mio.**	„ :	**Vermutlich fünf grosse Massen-Tieraussterben bis heute.**
Vor zirka	**450 Mio.**	„ :	Landnahme der Pflanzen.
Vor zirka	**400 Mio.**	Jahren:	Erste Tiere verlassen die Wasserwelt und gehen an Land.
Vor rund	**350 Mio.**	„ :	Erste Pflanzen treten auf.
Vor	**251-200 Mio.**	„ :	Erste Säugetiere entstehen.
Vor	**251- 66 Mio.**	„ :	Lebenszeit der Saurier.
Vor rund	**250 Mio.**	„ :	**95% der damals im Meer lebenden Tiere sterben aus.**
Vor	**200-140 Mio.**	„ :	Vögel beginnen sich zu entwickeln.
Vor rund	**100- 50 Mio.**	„ :	Die Auffaltung der grossen Gesteine wie der Alpen setzt ein.
Vor	**66 Mio.**	„ :	**Im Golf von Mexiko (Nordamerika) schlägt ein mächtiger Asteroid auf und verursacht schwerwiegende Umweltveränderungen. 70-90% aller Tierarten sterben aus.**

Seit	66 Mio.	„		Die Säugetiere werden zur vorherrschenden Tiergruppe.
Vor etwa	4 Mio.	„	:	Lebenszeit des Australopithecus, ein früherer Vorläufer des heutigen Menschen.
Vor	800'000-400'000	„	:	Lebenszeit des Homo errectus in Europa. Er versteht den Feuergebrauch und die Verwendung von Holzspeeren.
Vor	251'000	„	:	Zeit von Adam und Eva (sumerische Königsliste).
Vor rund	240'000-230'000	„	:	Alter der Menschheit gemäss Gabriel de Mortillet (1883).

Kommentar zu Abschnitt 3.1)

Der Verlauf dieser Urzeiten beweist, dass die Schöpfung des Weltalls einen nach unserem Zeitempfinden unvorstellbaren Zeitraum in Anspruch nahm.

Es zeigt uns auch, dass Gott nicht einfach sogenannte Wunder wirkt und dass alles nur genau nach von Gott geschaffenen Gesetzen abläuft. Deshalb sagt auch die Bibel :
»Bei Gott sind tausend Jahre wie ein Tag«.

In der Urzeitgeschichte erkennt man grosse Katastrophen, die alle je einen Abschluss einer vorgesehenen Entwicklungsperiode sind. Alles zur Vorbereitung einer Daseins- und Schulungsebene für den kommenden Menschen.

Auszüge zu 3.2)   Die Zeit seit „Adam und Eva"
bis zur Zeit Moses.

um 8500 vor Chr. : Grösserer Meeresspiegelanstieg,
Wirbelstürme und langanhaltende
grosse Niederschläge im Persischen
Golf und in Mesopotamien führen
zur Sintflut.

ab 8500 vor Chr. : Mit Noah kommt es in Mesopotamien
zur Geburt des besseren und „Neuen
Menschen": Erstmals treten siedelnde
Ackerbauern und Viehhalter auf :
„Beginn der neolithischen Revolution" !

etwa 8400 vor Chr.: Zeitpunkt des in der Bibel erwähnten
Turmbaus zu Babel, erbaut von einem
Noah-Nachkommen, der sich selbst
Baba-el („göttlicher Vater") nennt.

um 4000 vor Chr. : „Nimrod (alias Ninos), der erste Gewaltherrscher auf Erden", beginnt in Meso-
potamien zu wirken. Er unterwirft mit
neuartigen Waffen, dem zusammen-
gesetzten Bogen und abgerichteten
Hetzhunden, in 17 Jahren ein Gebiet
vom Indus bis nach Anatolien und von
Südrussland bis an den Nil.
Er praktiziert Versklavungen.

3. Jt.   vor Chr. : Kupferbeutezüge der Aegypter.

3. Jt.   vor Chr. : Ägypten betreibt Sklavenhandel im
grossen Stil, z.B. periodische
Gefangennahme von Nubiern,
auch für den Pyramidenbau .

2200 vor Chr. : Vulkanischer Ausbruch von Salz und
Asphalt führt zum biologischen
Absterben des Toten Meeres und zum
Untergang von Sodom und Gomorrha.

1645/46 vor Chr.: Ausbruch des Vulkans Santorin
nördlich Kreta. Dadurch ausgelöste
Erdbeben zerstören Palast des Minos
von Knossos auf Kreta. Flutwellen
zerstören die kretische Flotte;
Zerstörung der Hafenanlagen von
Knossos. Das Nilland wird mit Asche
bedeckt. Dadurch wird eine sieben-
jährige Hungersnot in Ägypten
verursacht.

Kommentar zu Abschnitt 3.2)

In dieser Zeitepoche lebte der Mensch noch ohne speziell von Gott
verordnete Lebensverhaltensgesetze. Leitend für ein moralisch edles
Verhalten war für die damaligen Menschen allein ihr seelisches
Empfinden Als Entwicklungsvorstufe waren Verstösse gegen
moralisch edles Verhalten deshalb von Gott noch nicht als direkt
sühnbare Sünde gezeichnet. Mit dem Beginn einer weiteren
Entwicklungsstufe der Menschheit kam Moses zur Welt. Er wurde
von Gott mit der Aufgabe vertraut ,die Menschen zu einem Leben
nach göttlichen Gesetzen zu führen.

**Auszüge zu 3.3) Die Zeit seit Moses bis zum
Beginn der Zeit von Jesus.**

1244 vor Chr. : Befreiung der Israeliten aus dem
ägyptischen Sklavendienst.
Mose erhält die auf Stein geschriebenen
10 Gebote (G1-10).

kurz nach
1200 vor Chr. : Todbringende Seuche in Kleinasien
während des Trojanischen Krieges.

12. Jh. vor Chr. : Schwere Erdbeben besiegeln den
Untergang des Minoerreiches auf Kreta.

1184 vor Chr. : **Schweres Erdbeben mit Vulkan Santorin
als Epizentrum.
Troja (Ilion) wird dadurch zerstört.**

um 1000 v. Chr.: Pockenepidemien im alten China,
Indien und Aegypten.

3. Jh. vor Chr. : Die Sklavenjagd der Römer nimmt
gigantische Formen an.

293 vor Chr. : In Rom und in Latium wütet die Pest.

ausgehendes
3. Jh. vor Chr. : Die von den Römern betriebene Sklaverei
nimmt gravierende und grausame Züge an.
Sie versklaven Millionen Menschen bei der
Eroberung ihres Weltreiches.

218 bis
201 vor Chr. : Zweiter punischer Krieg zwischen Rom und
Karthago. Korsika, Sardinien, Sizilien und die
spanische Küste gehen in die Herrschaft der
Römer über. Die Römer nehmen dabei rund
120'000 Sklaven gefangen.

209 vor Chr. : Die Römer erobern spanisch Carthago Nova
(heutiges Cartagena); 40'000 Sklaven müssen
in den Silberminen arbeiten.

'Gallischer Krieg' (De bello Gallico)
58 bis   unter Cäsar :
um 50 v. Chr.   Cäsar weilt als römischer Statthalter in Gallien
und unterjocht Keltenstämme zwischen
Mittelmeer, Atlantik und Nordsee. 800
keltische Siedlungen werden erobert und
300 Volksstämme der Usipeter und Tenctherer
gefangen genommen, eine Million Menschen
getötet, eine Million Menschen verschleppt
und versklavt.

Kommentar zu Abschnitt 3.3)

Die Entwicklung der Menscheit war nun soweit fortgeschritten, dass
Gott den richtigen Zeitpunkt fand, Christus zur Erlösung der
Menscheit aus der durch den geistigen Abfall unter Luzifer erlittenen
Knechtschaft zu befreien (siehe auch unter **Abschnitt 3.4**).
Mit der Erkenntnis der Notwendigkeit der mehrmaligen
Wiedergeburt, für die Erlangung der ursprünglich vor dem „Fall"
inne gehabten seelischen Reinheit, wissen wir auch, dass laufend
Menschen mit höherer geistiger Entwicklung geboren wurden.
Diese Entwicklung hinsichtlich der vorgesehenen „Erlösung" wurde
kurz vor dem Erscheinen des Messias durch die zeitlich abgestufte
Entsendung von Propheten, als Künder Gottes gefördert.
Siehe hierzu die Darstellung des **Erlösungsplanes im 1. Buchteil**.

Abschnitt 3.4) siehe auf Seiten 105-109 (siehe auch Seiten 46-60).

Auszüge zu 3.5) Die Zeit nach der Lehrtätigkeit
Christi auf Erden bis heute.

44-48 nach Chr. : *Hungersnot in Palästina, gemäss*
Weissagung des Agabus.

79   nach Chr : Der Vesuv bricht aus, zerstört die Städte
Pompeij, Herculaneum und Stabiac.
20'000 Einwohner sterben.

um 252 bis   Pest und Hungersnöte
um 270 n. Chr. : suchen das Römische Reich heim.

4. Jh.   n. Chr. : Plündernde und mordende Reiterscharen
der Hunnen überrennen das Wolga- und
Donau-Gebiet.

ab 5. Jh. n. Chr. : Eroberungszüge der Franken und Land-
aufteilungen durch Herrschergeschlechter
und der Kirche, führen zum unfreien
Bauerntum über weite Gebiete Europas.

487   n. Chr. : Eroberung Frankreichs durch die
Merowinger.

589/590 n. Chr. : Sintflutartige Regenfälle mit massiven
Überschwemmungen suchen Italien heim,
verursachen Hungersnöte und Pest.

1204   n. Chr. : 13. April; die Kreuzfahrer erobern
Konstantinopel.

1347 bis   Pest rafft ein Drittel
1350   n. Chr. : der europäischen Bevölkerung hinweg.

1450-1900 n .Chr. :	Über 11 Millionen Schwarze werden aus Afrika verschleppt und als Sklaven verkauft.
1632-1704 n.Chr. :	Lebenszeit von John Locke; Vertreter für Menschenrechtsverfassung
1746-1827 n.Chr. :	Lebenszeit von Johann Heinrich Pestalozzi.
1755 n. Chr. :	Ein Erdbeben zerstört Lissabon und begräbt ungefähr 100'000 unter seinen Trümmern.
1812 n. Chr. :	Rückzug Napoleons 1. aus Russland; 470'000 Mann sterben in Russlands Kälte.
1815 n.Chr. :	Ausbruch des Vulkans Tambora auf der indonesischen Insel Sumbawa ; mehr als 90'000 Menschen sterben, eine Hungersnot bricht aus.
1849-1863 n.Chr. : 1863	Humanitärer Einsatz Henry Dunants für eine Menschlichkeit und Bildung des internationalen Komitees vom *Roten Kreuz* (IKRK).
1861-1865 n. Chr. :	Der Sezessionskrieg in den amerikanischen Südstaaten fordert über 600'000 Menschen- leben. Abschaffung der Sklaverei.
1870 n.Chr. :	Frankreich erklärt Deutschland den Krieg.
1883 n.Chr.:	Explosion des Vulkans Krakatau in der Sundastrasse löst einen Tsunami aus. 36'000 Menschen sterben.

1893-1948   Kampf Mahatma Gandy`s gegen Rassen-
n.Chr. :   diskriminierung und religiösen
                    Fundamentalismus.

1908 n.Chr :   Erdbeben vernichtet die Hafenstadt Messina auf
                    Sizilien und löst einen Tsunami aus.
                    Etwa 83'000 Menschen kommen ums Leben.

1913-1965   Selbstloser ärztlicher Einsatz Albert Schweitzers
n.Chr. :   im Urwaldspital von Lambarene.

1914-1918   Der erste Weltkrieg kostet 7 400 000 Menschen
n.Chr.:   ihr Leben.

1917   Oktoberrevolution in Petersburg: Lenin kommt
n.Chr. :   als Begründer des Sowjetkommunismus an
                    die Macht und betreibt eine grausame Diktatur
                    der Ausrottung.

1919 n.Chr.: Gründung des Völkerbundes.

1939-1945   Der zweite Weltkrieg kostet 55 bis 62 Millionen
n.Chr. :   Menschen das Leben, 35 Millionen Verwundete
                    und 30 Millionen Flüchtlinge und Vertriebene
                    sind die Folge.

1950-1953   Koreakrieg.
n.Chr. :

1960 n.Chr.: Das Erdbeben von Santiago löst Vulkanaus-
                    brüche und einen Tsunami aus.
                    Über 5000 Menschen sterben.

1964 - 1975 Vietnamkrieg.
n.Chr.

1970 n.Chr. : Ein Zyklon zertrümmert die Dörfer auf den
Inseln im Gangesdelta.
300'000 Menschen kommen um.

1976 n.Chr. : Ein Erdbeben bei der chinesischen Industriestadt
Tangshan bringt 800'000 Menschen ums Leben.
seit etwa
1983 n.Chr. : Wirkungskreis von Opus-Dei weltweit durch
Angehörige in über 1200 Medien- und
Bildungsstätten.

1983 n.Chr.: Der Vulkan Krakatau explodiert und verursacht
einen Tsunami.
36'000 Menschen kommen ums Leben.

1985 n.Chr.: Vulkanausbruch in Kolumbien. 23'000 Menschen
sterben. Das Rote Kreuz hilft den Verwundeten
und beim Wiederaufbau von Siedlungen.

1991 n.Chr.: Ein Wirbelsturm im Südosten Bangladeschs
verursacht eine Flutwelle über Land.
138'000 Menschen sterben.

1991 n.Chr.: Irak marschiert unter Missachtung des
Völkerrechts in Kuwait ein und besetzt Oelfelder.
1. Hälfte
1994 n.Chr.: In Russland werden durch korrupte Banden
jeden Tag 100 Menschen umgebracht (Mafia).

1995 n.Chr.: Ein Erdbeben zerstört die Stadt Kobe in Japan :
6400 Tote, 415'000 Verletzte
und 300'000 Obdachlose.

1998 n.Chr.: Der Hurrikan Mitch in Nicaragua verursacht
7'500 Tote und 1,5 Millionen Obdachlose..

1998 n.Chr.: Zwei Erdbeben und ein Tsunami an der Nordküste von Papua-Neuguinea überraschen 10'000 Küstenbewohner. 3'000 Menschen sterben.

1999 n.Chr.: Erdbeben in der Türkei verursacht 17'000 Tote.

1999 n.Chr.: Besetzung von Irak durch die USA.

2003 n.Chr.: Beim Erdbeben in der Oasenstadt Bam im Südosten Irans kommen 40'000 Menschen ums Leben.

2004 n.Chr.: Tsunami im indischen Ozean. Mehr als 300 000 Menschen kamen um, eine Million waren ohne Obdach.

2006 n.Chr. : Erdrutsch bei Erdbeben verschüttet vollständig das Dorf Quinsaugon in den Philipinen und verursacht über 1'000 Tote.

Kommentar zu Abschnitt 3.5)

Die Zeit seit der Lehrtätigkeit und der Erlösung durch Christus ist speziell dadurch gekennzeichnet, dass der Widersacher Gottes (Satan) nicht mehr dieselben Wirkungsmöglichkeiten hat wie vordem. Mit der Erlösung sind Luzifer anlässlich des damals stattgefundenen „Letzten Gerichtes" nebst den Knechtschaftsrechten über die Mitgefallenen, viele bisherige Rechte abgesprochen worden. Die willkürliche Besetzung (Besessenheit) von Menschen, Schädigungen von Natur- und Tierwelt sind ihm nur noch auf Grund bestimmter menschlicher Verschuldungen möglich, siehe Seiten 56-59.
Die ihm verbliebenen Rechte beschränken sich seitdem allein auf die Beeinflussungsmöglichkeiten des Menschen. So steht der Mensch stets zwischen den Einflüssen von „Gut und Böse".

----

12. Literaturhinweise

◆ Buch „Neue Erkenntnisse zu Leben und Wirken Jesu",
ISBN 3-85516-004X, Erhältlich beim ABZ-Verlag Zürich.
◆ Kulturmagazin „MUSEION", Heft 6, Jahrgang 1999;

	Heft 3,	„	2000;
	Heft 6,	„	2001;
	Heft 1,	„	2003;
	Heft 3,	„	2004;
	Heft 3,	„	2006.

Erhältlich bei : MUSEION 2000, Leserservice,
Postfach, CH-8047 Zürich.
◆ www.probeatrice.ch
◆ www.bornpower.de
◆ Buch „Neues Testament" von Johannes Greber
von Memorial Foundation, Inc.
◆ Kulturmagazin „GEOEPOCHE", Ausgabe mit Tsunami-Bericht.
◆ Zeitschrift „Facts" Nr.12 vom 24.3.2005
◆ Buch „Pyramide der Wahrheit",
ISBN 3-938-62903-7; Erhältlich bei Sandalphon-Verlag:
◆ VgT: Nachrichtenblatt und Buch : „Tierfabriken in der Schweiz",
◆ Gedichtbände von Hella Zahrada (EPHIDES-Gedichte)
ISBN-Nrn. 3-85005 061 0 und 3-923601-01-8; 1978 und 1984,
von ADYAR-Verlag, GRAZ und ANTHOS-Verlag, Weinheim.
◆ Zürcherbibel, (Zwinglibibel) ISBN 3-85995-100
◆ Lutherbibel, sowie andere Bibelausgaben gemäss Kapitel 9.4.
◆ Schriften von namhaften Griechischen Philosophen wie:
Sokrates, Platon, Hesiod, Homer, Euripides und Origenes;
zum Beispiel :
  ◆ Zweites Buch von Sokrates : „Staat 380",
  ◆ Platon-Dialoge, „Ion 533", und Platon - Apologie 28a.

Bibelstellen-Verzeichnis